LUCROS E PERDAS

Coleção von Mises

01 - As Seis Lições: Reflexões sobre Política Econômica para Hoje e Amanhã
02 - O Contexto Histórico da Escola Austríaca de Economia
03 - O Conflito de Interesses e Outros Ensaios
04 - Lucros e Perdas
05 - O Cálculo Econômico em uma Comunidade Socialista
06 - Liberdade e Propriedade: Ensaios sobre o Poder das Ideias
07 - A Mentalidade Anticapitalista
08 - O Marxismo Desmascarado: Da Desilusão à Destruição
09 - O Livre Mercado e seus Inimigos: Pseudociência, Socialismo e Inflação
10 - Sobre Moeda e Inflação: Uma Síntese de Diversas Palestras
11 - Caos Planejado: Intervencionismo, Socialismo, Fascismo e Nazismo
12 - Crítica ao Intervencionismo: Estudo sobre a Política Econômica e a Ideologia Atuais
13 - Intervencionismo: Uma Análise Econômica
14 - Burocracia
15 - Os Fundamentos Últimos da Ciência Econômica: Um Ensaio sobre o Método

Ludwig von Mises

LUCROS E PERDAS

Tradução de Claudio A. Téllez-Zepeda
Apresentação à edição brasileira por Jim Powell
Introdução à edição brasileira por Robert A. Sirico
Prefácio à edição brasileira por Antony Mueller
Posfácio à edição brasileira por Hans-Hermann Hoppe

LVM
EDITORA

Impresso no Brasil, 2017

Título original: *Profit and Loss*
Copyright © 2008 by Ludwig von Mises Institute
Copyright do texto anexo de Ludwig von Mises © 1990 by Ludwig von Mises Institute
Copyright do texto de Jim Powell © 2000 by Jim Powell
Copyright do texto de Robert A. Sirico © 2013 by Acton Institute for the Study of Religion and Liberty
Copyright do texto de Hans-Hermann Hoppe © 2014 by Ludwig von Mises Institute

Os direitos desta edição pertencem ao
Instituto Ludwig von Mises Brasil
Rua Leopoldo Couto de Magalhães Júnior, 1098, Cj. 46
04.542-001. São Paulo, SP, Brasil
Telefax: 55 (11) 3704-3782
contato@mises.org.br · www.mises.org.br

Editor Responsável | Alex Catharino
Curador da Coleção | Helio Beltrão
Tradução | Claudio A. Téllez-Zepeda
Revisão da Tradução | Márcia Xavier de Brito
Revisão ortográfica e gramatical | Carlos Nougué
Revisão técnica | Alex Catharino
Preparação de texto e Elaboração do índice remissivo | Alex Catharino & Márcio Scansani
Revisão final | Alex Catharino, Márcia Xavier de Brito & Márcio Scansani
Produção editorial | Alex Catharino & Márcia Xavier de Brito
Capa e projeto gráfico | Rogério Salgado / Spress
Diagramação e editoração | Spress Diagramação
Pré-impressão e impressão | Bartira

M678l
    Mises, Ludwig von
        Lucros e perdas / Ludwig von Mises; tradução de Claudio A. Téllez
    -Zepeda. –
    São Paulo: LVM, 2017; Coleção von Mises.
    168 p.
    Tradução de: Profit and Loss

    ISBN 978-85-93751-01-1

    1. Ciências Sociais. 2. Economia. 3. Lucros. I. Título. II. Téllez-Zepeda, Claudio A.

                                        CDD 300

Reservados todos os direitos desta obra.
Proibida toda e qualquer reprodução integral desta edição por qualquer meio ou forma, seja eletrônica ou mecânica, fotocópia, gravação ou qualquer outro meio de reprodução sem permissão expressa do editor.
A reprodução parcial é permitida, desde que citada a fonte.

Esta editora empenhou-se em contatar os responsáveis pelos direitos autorais de todas as imagens e de outros materiais utilizados neste livro.
Se porventura for constatada a omissão involuntária na identificação de algum deles, dispomo-nos a efetuar, futuramente, os possíveis acertos.

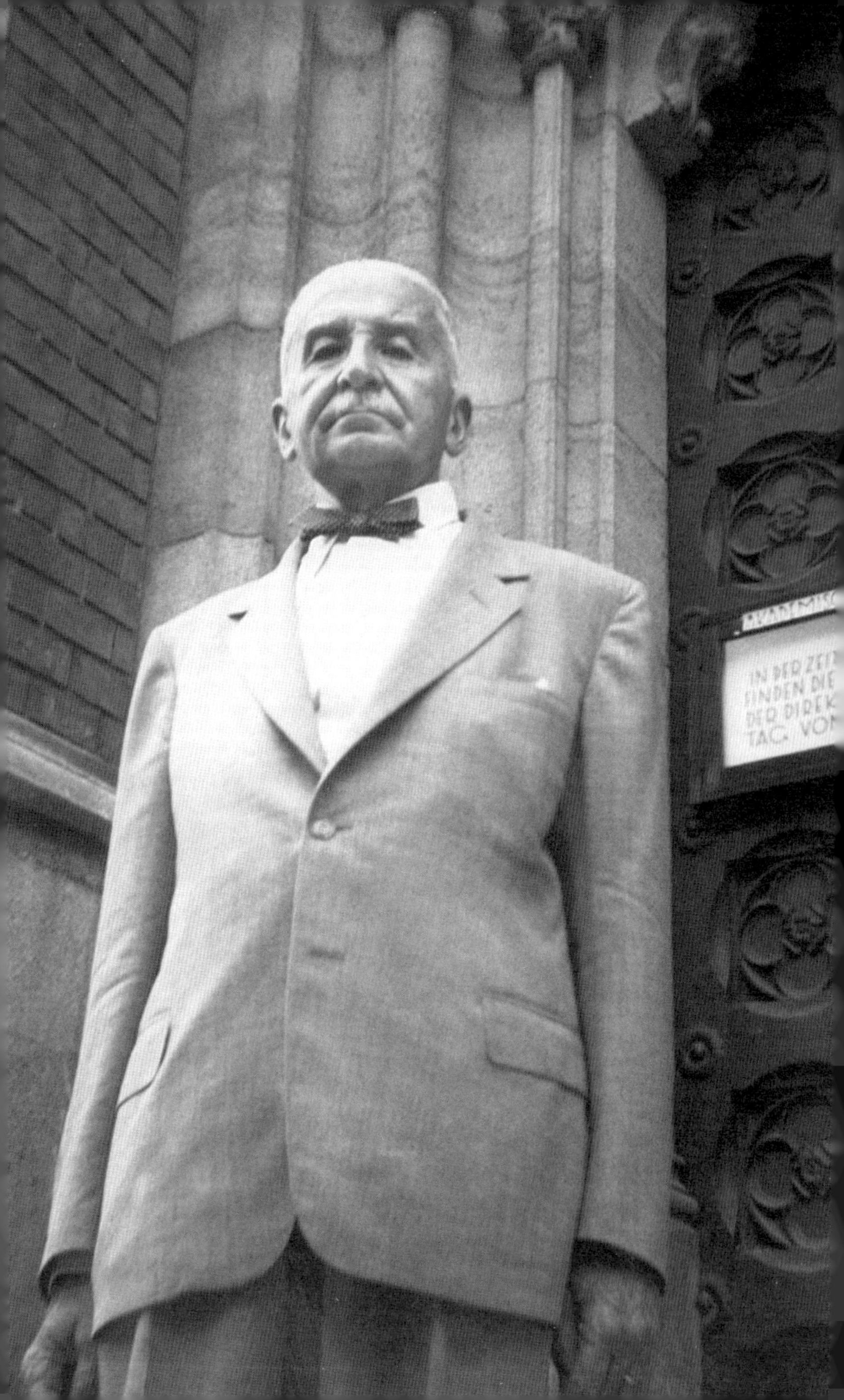

008   Nota à Edição Brasileira
Alex Catharino

012   Apresentação à Edição Brasileira
Uma Biografia de Ludwig von Mises
Jim Powell

034   Introdução à Edição Brasileira
O Papel dos Lucros
Rev. Robert A. Sirico

042   Prefácio à Edição Brasileira
Antony Mueller

Lucros e Perdas

061   Capítulo 1
A Natureza Econômica dos Lucros e das Perdas
1 - A emergência dos lucros e das perdas
2 - A distinção entre lucros e outros proventos
3 - A condução dos negócios sem fins lucrativos
4 - A votação do mercado
5 - A função social dos lucros e das perdas
6 - Lucros e perdas na economia que progride e que retrocede
7 - O cálculo dos lucros e das perdas

Sumário

091 Capítulo 2
A Condenação dos Lucros
1 - A economia e a abolição dos lucros
2 - As consequências da abolição dos lucros
3 - Os argumentos contrários aos lucros
4 - O argumento da igualdade
5 - Comunismo e pobreza
6 - A condenação moral da motivação dos lucros
7 - A mentalidade estática

117 Capítulo 3
A Alternativa

122 Ensaio Anexo à Edição Brasileira
Sobre a Igualdade e a Desigualdade
Ludwig von Mises

144 Posfácio à Edição Brasileira
A Ética do Empreendedorismo e do Lucro
Hans-Hermann Hoppe

159 Índice Remissivo e Onomástico

O ensaio *Lucros e Perdas* de Ludwig von Mises (1881-1973) foi apresentado originalmente pelo autor no encontro da Mont Pelerin Society em Beauvallon, na França, entre os dia 9 e 16 de setembro de 1951. O texto foi originalmente incluído na coletânea *Planning for Freedom and Other Essays and Addresses*, lançada em 1952. A mesma editora relançou a obra em 1974 como *Planning for Freedom and Twelve Other Essays and Addresses* e em 1980 como *Planning for Freedom and Sixteen Other Essays and Addresses*. Os dezessete ensaios da versão de 1980, juntamente com um novo prefácio de Bettina Bien Greaves foram publicados em 2008 pelo Liberty Fund (LF) na obra *Planning for Freedom: Let the Market System Work – A Collection of Essays and Addresses*. Editado pelo Ludwig von Mises Institute, o trabalho apareceu individualmente como livro em 2008.

Nota à Edição Brasileira

Tendo como base a edição lançada pelo Ludwig von Mises Institute, o ensaio foi traduzido por Claudio A. Téllez-Zepeda, que acrescentou algumas notas especificadas como Notas do Tradutor (N. T.). Acrescentamos no presente volume como ensaio anexo à tradução do artigo "On Equality and Inequality", publicado originalmente em 1961 no periódico *Modern Age*, e incluído na coletânea *Money, Method, and The Market Process: Essays by Ludwig von Mises*, que reúne textos do economista austríaco selecionados por sua viúva Margit von Mises (1890-1993) e editados por Richard M. Ebeling, publicada em 1990 pelo Ludwig von Mises Institute e pela Kluwer Academic Publishers. Como em todos os volumes da presente coleção, algumas notas de rodapé, elaboradas por nós e devidamente sinalizadas como Notas do Editor (N. E.), foram acrescidas com os objetivos de definir termos e conceitos, referendar determinadas citações ou afirmações, esclarecer o contexto histórico-cultural de algum fato ou personagem mencionado pelo autor e indicar a bibliografia de obras citadas ou oferecer estudos complementares.

A presente edição conta, também, com a inclusão de alguns textos escritos por outros autores. Foi acrescentada como apresentação uma tradução da breve biografia de Ludwig von Mises escrita por Jim Powell, Senior Fellow do The Cato Institute; como introdução um ensaio sobre a importância dos lucros elaborado pelo Padre Robert A. Sirico, presidente do Acton Institute for the Study of Religion and Liberty; e como posfácio um artigo abordando a ética do empreendedorismo e do lucro de autoria de Hans-Hermann Hoppe, Senior Fellow do The Ludwig von Mises Institute. O prefácio da edição brasileira foi escrito com exclusividade por Antony Mueller, professor de Economia da Universidade Federal do Sergipe (UFS). Com o objetivo de facilitar o trabalho de pesquisadores, tal como nos demais títulos da presente coleção, elaboramos um amplo índice remissivo e onomástico, no qual, além de conceitos, são abarcados nomes próprios de pessoas, locais e instituições.

Em nome de toda a equipe do IMB e da LVM, agradecemos pelo apoio inestimável que, ao longo da elaboração da presente edição, obtivemos de inúmeras pessoas, dentre as quais destaco os nomes de Llewellyn H. Rockwell Jr., Joseph T. Salerno e Judy Thommesen do Ludwig von Mises Institute.

Alex Catharino
Editor Responsável da LVM

A inveja é uma fraqueza comum aos homens. As pessoas relutam em reconhecer o fato de que elas mesmas poderiam ter obtido lucros caso tivessem mostrado a mesma capacidade de previsão e de julgamento que o homem de negócios bem-sucedido. Quanto mais se encontram cientes desse fato, subconscientemente, mais violento é o ressentimento.

Dr. Ludwig Edler von Mises

A matança sem precedentes que ocorreu no século XX foi levada a cabo primordialmente em nome do socialismo, doutrina que defende o controle governamental sobre todas as coisas. Um dos adversários mais ferrenhos do socialismo foi o economista austríaco Ludwig von Mises (1881-1973), autor de vinte e nove livros em alemão e inglês, e que foram traduzidos para chinês, tcheco, holandês, francês, grego, italiano, japonês, coreano, lituano, polonês, português, russo, espanhol e sueco.

Mises antecipou o futuro de maneira extraordinária. Em 1920, apenas três anos após o golpe socialista na Rússia, proferiu a ousada previsão de que as economias socialistas seriam desastrosas. Alertou para o fato de que a existência de liberdades civis seria impossível sob o socialismo. Em 1927, disparou um alarme: *"Aquele que não fechar seus*

Apresentação à Edição Brasileira
Uma Biografia de Ludwig von Mises

Jim Powell

olhos deliberadamente para os fatos, deverá reconhecer, por todos os lados, os sinais de uma catástrofe próxima na economia mundial (...). O colapso geral de uma civilização".

"*Ao controlar com exclusividade todos os fatores de produção*", explicou,

(...) o regime socialista controla também a totalidade da vida de cada indivíduo. O governo designa a todo mundo um emprego definitivo. Determina quais livros e jornais devem ser impressos e lidos, quem deve dedicar-se à escrita, quem pode usar salas de reuniões, transmitir informações e usar os meios de comunicação. Isso significa que aqueles que ficam a cargo da suprema conduta dos assuntos governamentais decidirão, no fim das contas, quais são as ideias, ensinamentos e doutrinas que podem ser propagados e quais não podem. Independentemente do que uma constituição escrita e promulgada venha a dizer sobre liberdade de consciência, pensamento e expressão, assim como sobre neutralidade em assuntos religiosos, permanecerá como letra morta em um país socialista se o governo não prover os meios materiais para o exercício destes direitos.

O economista austríaco descreveu uma visão abrangente da liberdade econômica:

> Há propriedade privada dos meios de produção. O funcionamento do mercado não é dificultado pela interferência governamental. Não há barreiras ao comércio; as pessoas podem viver e trabalhar onde quiserem. Os mapas mostram fronteiras, mas elas não impedem a imigração de pessoas e o fluxo de mercadorias. Nacionais não desfrutam de direitos que sejam negados a estrangeiros. Governos e seus funcionários têm suas atividades restritas à proteção da vida, saúde e propriedade contra agressão violenta ou fraudulenta. Eles não discriminam estrangeiros. Os tribunais são independentes e protegem a todos contra a intrusão das autoridades... A educação não está sujeita à intervenção governamental... Todos podem dizer, escrever e imprimir aquilo que desejarem.

Mises insistiu em expressar sua visão radical mesmo que isso significasse ser tratado como um pária. Embora fosse um economista altamente respeitado na Áustria, a Universidade de Viena recusou-se a contratá-lo como professor pago em quatro ocasiões e, durante quatorze anos, viu-se obrigado a dar um prestigioso curso em Viena sem receber um salário por isso. Além disso, durante a maior parte dos vinte e cinco anos durante os quais ministrou aulas em Nova York, seu salário foi pago por indivíduos privados.

O então futuro Prêmio Nobel em Economia, o austríaco F. A. Hayek (1899-1992), disse a Ludwig von Mises: *"Você demonstrou inexorável coerência e persistência em seu pensamento mesmo quando isso levou à impopularidade e ao isolamento. Você demonstrou destemida coragem mesmo quando ficou sozinho"*. O economista norte-americano Murray N. Rothbard (1926-1995) afirmou: *"Mises jamais cedia em seus princípios. Como acadêmico, como economista e como pessoa, Ludwig von Mises era uma alegria e uma inspiração, um exemplo para todos nós"*.

O economista austríaco tinha 1,70m de altura e brilhantes olhos azuis. *"Mantinha-se sempre reto e com uma postura ereta, e caminhava com passos firmes"*, recorda Bettina Bien Greaves, a principal acadêmica especialista em Ludwig von Mises no mundo.

> Usava um terno, geralmente cinza, e mesmo nos dias mais quentes insistia em manter o paletó. Seus cabelos e bigode cinza estavam sempre cuidadosamente penteados. Era sério, sem frivolidades. Quando lhe perguntaram se jogava tênis, respondeu que "não, porque não me interesso pelo destino de uma bola". Mas adorava caminhar e durante seus verões na Áustria, na Suíça e nos Estados Unidos, costumava fazer trilhas pelas montanhas. Permaneceu solteiro até os 57 anos e gostava de reunir os amigos para tomar chá. Posteriormente, ele e sua esposa Margit iam com frequência ao teatro, mesmo

quando suas finanças se encontravam apertadas. Era um homem de graça, charme e cultura notáveis.

Ludwig Edler von Mises nasceu no dia 29 de setembro de 1881, em Lemberg, naquele então parte do Império Áustro--Húngaro, a cerca de 500 quilômetros ao leste de Viena (cidade hoje conhecida como Lviv, na Ucrânia). Era o mais velho dos três filhos de Adele Landau von Mises (1858-1937), que fazia trabalhos de caridade em um orfanato judaico. Seu pai era Arthur Edler von Mises (1854-1903), engenheiro ferroviário.

Foi na Universidade de Viena, perto do Natal de 1903, que Mises leu um livro que o inspirou a ser um economista e que o conduziu na direção do livre mercado: *Grundsatze der Volkswirtschafslehre*[1] [*Princípios de Economia*], escrito por Carl Menger (1840-1921). Professor da Universidade de Viena por três décadas, Menger explicava que os preços refletem o quanto os consumidores estão dispostos a pagar por alguma coisa em um mercado livre. A teoria do valor subjetivo de Menger rompeu com a hegemonia da teoria do valor-trabalho – segundo a qual os custos com o trabalho determinariam os preços. O grande defensor de suas idéias foi Eugen von Böhm-Bawerk (1851-1914), cujo principal trabalho, *Kapital und Kapitalzins*[2] [*Capital e Juros*] foi publicado em 1884. Mi-

---

[1] Uma tradução em língua portuguesa do livro está disponível na coleção "Os Economistas" na seguinte edição: MENGER, Carl. *Princípios de Economia Política*. Intr. F. A. Hayek; trad. Luiz João Baraúna. São Paulo: Abril Cultural, 1983. (N. E.)
[2] A obra foi publicada em língua inglesa na seguinte edição: BÖHM-BAWERK, Eugen von. *Capital and Interest*. Trad. George D. Huncke e Hans F. Sennholz.

ses participou do seminário de Böhm-Bawerk na Universidade de Viena até tornar-se professor, em 1913. Enquanto isso, em 20 de fevereiro de 1906, completou seu doutorado em leis e ciências sociais. Então, começou a trabalhar na Câmara de Comércio de Viena, que orientava funcionários do governo a respeito das leis que afetavam os negócios.

Mises começou, então, a escrever seu primeiro livro, *Theorie des Geldes und der Umlaufsmittel*[3] [*A Teoria da Moeda e dos Meios Fiduciários*]. Publicado em 1912, atacou a ideia popular de que funcionários do governo poderiam ditar o valor do dinheiro. Mises demonstrou que, pelo contrário, o valor do dinheiro era determinado pelos seus usuários e fornecedores em um mercado livre. Mises insistiu que inflar a oferta monetária seria inútil, porque as pessoas aumentariam os preços. Os beneficiários seriam aqueles que, começando pelo próprio governo, gastassem a nova moeda antes do aumento dos preços. Os perdedores seriam os últimos a receber a nova moeda, após a subida nos preços e a depreciação do valor da moeda no mercado.

South Holland: Libertarian Press, 1959. 3v. [Volume I: History and Critique of Interest Theories / Volume II: Positive Theory of Capital / Volume III: Further Essays on Capital and Interest]. Em língua portuguesa o capítulo XII do primeiro volume foi publicado como o seguinte livro: BÖHM-BAWERK, Eugen von. *A Teoria da Exploração do Socialismo Comunismo*. Pref. Hans F. Sennholz; trad. Lya Luft. São Paulo: Instituto Ludwig von Mises Brasil, 2ª ed., 2010. (N. E.)

[3] A segunda edição em alemão, de 1924, serviu como base para uma nova edição inglesa, lançada em 1934, e disponível, atualmente, na seguinte forma: MISES, Ludwig von. *Theory of Money and Credit*. Pref. Murray N. Rothbard; intr. Lionel Robbins; trad. Harold E. Batson. Indianapolis: Liberty Fund, 1981. (N. E.)

Após a Primeira Guerra Mundial, a Inglaterra e a França exigiram indenizações de guerra, o que colocou pressão sobre a Alemanha e a Áustria para que estes países inflacionassem suas moedas. O gasto do Estado de bem-estar social apenas piorou as coisas. A inflação na Alemanha atingiu seu apogeu em 1923, quando a elevação média dos preços foi de 300% ao mês, extinguindo milhões. A inflação na Áustria não chegou a este ponto, mas foi danosa o suficiente – os preços aumentavam quase 50% ao mês. Ludwig von Mises havia, aparentemente, persuadido o chanceler Ignaz Seipel (1876-1932) e o presidente do Banco Nacional Austríaco, Richard Reisch (1866-1938), de que a impressão de papel moeda deveria ser interrompida.

O socialismo também se tornou um problema sério. Havia sido posto em prática pela primeira vez em larga escala quando, durante a Primeira Guerra Mundial, governos expandiram suas burocracias, decretaram impostos confiscatórios, expropriaram negócios privados, fixaram preços, suprimiram mercados, ditaram a produção, instituíram o trabalho forçado e suprimiram a dissidência. Muitos intelectuais defenderam a ideia de que o socialismo, em tempos de paz, poderia permitir alcançar o paraíso na Terra.

Mises levantou-se desafiadoramente. Longe de alcançar uma ordem racional, como explicou em *Nation, Staat, und Wirschaft*[4] [*Nação, Estado e Economia*], de 1919, o que o socialismo causava era o caos:

---

[4] Sem tradução para o português até o momento, a obra se encontra disponível em inglês na seguinte edição: MISES, Ludwig von. *Nation, State, and Economy:*

(...) os erros da economia política das Potências Centrais durante a guerra. Em determinado momento, por exemplo, foi dada a ordem para que a criação de animais fosse reduzida, aumentando-se o número de abates devido a uma escassez de feno; então os abates foram proibidos e foram ordenadas medidas que promoviam o aumento da criação de animais (...). Medidas e contramedidas se cruzaram até que toda a estrutura da atividade econômica ficou em ruínas.

Em 1920, Mises explicou por que o caos seria inevitável sob o socialismo e expôs sua percepção grandiosa em um artigo para a Sociedade Econômica, com o título *Die Wirtschaftsrechnung im sozialistischen Gemeinwesen*[5] [*O Cálculo Econômico em uma Comunidade Socialista*]. Sob o socialismo, não haveria mercados nos quais as pessoas poderiam revelar suas preferências demandando os bens. Assim, os planejadores centrais, mesmo que se importassem, não teriam como saber os desejos específicos dos consumidores. Ademais, sem preços de mercado para a miríade de fatores de produção, seria impossível calcular o custo das alternativas e organizar a produção eficientemente. "*Só é possível tatear no escuro*", escreveu Mises.

Contributions to the Politics and History of Our Time. Ed. Bettina Bien Greaves; trad. Leland B. Yeager. Indianapolis: Liberty Fund, 2006.

[5] Em língua portuguesa o texto está disponível na seguinte edição: MISES, Ludwig von. *O Cálculo Econômico em uma Comunidade Socialista*. Apres. Gary North; prefs. Fabio Barbieri & Yuri N. Maltsev; intr. Jacek Kochanowicz; posf. Joseph T. Salerno; trad. Leandro Roque. São Paulo: LVM, 2017. (N. E.)

O economista austríaco decidiu escrever o tratado *Die Gemeinwirtschaft: Untersuchungen über den Sozialismus*[6] [*A Economia Coletiva: Estudos sobre o Socialismo*] expondo todos os erros do socialismo. Mises declarou:

> Se a história pôde nos provar e ensinar alguma coisa, é que a propriedade privada dos meios de produção é um requisito necessário para a civilização e bem-estar material. Todas as civilizações, até hoje, basearam-se na propriedade privada. Apenas nações comprometidas com o princípio da propriedade privada deixaram para trás a penúria e produziram ciência, arte e literatura.

F. A. Hayek recorda que

> Quando *Die Gemeinwirtschaft* apareceu originalmente em 1922, seu impacto foi profundo. Alterou gradualmente, mas fundamentalmente, a percepção de muitos jovens idealistas que terminavam seus estudos universitários após a Primeira Guerra Mundial. Eu sei, pois eu era um deles (...). Estávamos determinados a construir um mundo melhor e foi este desejo de reconstruir a sociedade que levou muitos de nós a estudar economia. O socialismo prometia realizar nossas esperanças de um mundo mais racional e mais justo. E então veio este

---

[6] Traduzido para o inglês em 1936, o livro se encontra disponível atualmente nesse idioma na seguinte edição: MISES, Ludwig von. *Socialism: An Economic and Sociological Analysis*. Pref. F. A. Hayek; trad. J. Kahane. Indianapolis: Liberty Fund, 1992. (N. E.)

livro. Nossas esperanças se acabaram. A obra nos revelou que buscávamos por respostas na direção errada.

Ludwig von Mises iniciou um debate que se estendeu durante anos[7]. O socialista polonês Oskar Lange (1904-1965) e outros afirmaram que o "socialismo de mercado" poderia ter, de alguma maneira, preços de mercado mesmo sem ter um mercado. Intelectuais socialistas disseram que Lange havia vencido o debate, embora seu modelo teórico nunca tenha sido posto em prática em lugar algum.

Negaram a Mises uma posição de professor para a qual era obviamente qualificado, em parte porque as universidades europeias eram de propriedade dos governos, e apenas aqueles que pertencessem a um dos partidos políticos favoritos conseguiam tornar-se professores. Hayek acrescenta:

> Para um judeu conseguir uma vaga de professor, tinha que ter o apoio de seus colegas judeus (...). Mas, como os professores judeus eram todos socialistas, e Mises era um anti-socialista, ele não conseguiu o apoio de seus próprios colegas (...). A Viena dos anos 1920 e 1930 não pode ser compreendida sem a questão judaica.

Mises tornou-se um *Privat-Dozent*, obtendo a permissão para dar aulas e ser chamado de professor, porém sem receber por isso. Começando em 1920, de outubro até junho, explica:

---

[7] Uma análise econômica e histórica sistemática desse debate, repleta de indicações bibliográficas, é apresentada na seguinte obra: BARBIERI, Fabio. *História do Debate do Cálculo Econômico Socialista*. São Paulo: Instituto Ludwig von Mises Brasil, 2013. (N. E.)

Um número de jovens se reunia ao meu redor a cada duas semanas. Meu escritório na Câmara de Comércio era espaçoso o suficiente para acomodar de vinte a vinte e cinco pessoas. Geralmente nos reuníamos às sete da noite, indo até as dez e meia. Nestes encontros, discutíamos informalmente todos os problemas importantes de economia, filosofia social, sociologia, lógica e epistemologia das ciências da ação humana... Todos os que faziam parte deste círculo vinham voluntariamente, guiados apenas pela sua sede de conhecimento.

Hayek descreveu este *Privat-Seminar*, o seminário ministrado por Mises, como *"o mais importante centro de discussão econômica de Viena"*.

Um dos trabalhos mais acessíveis e atraentes de Mises, *Liberalismus*[8] [*Liberalismo*] de 1927, apresentou sua defesa da liberdade e da paz. Nele, o autor explicou que mercados livres elevam dramaticamente os padrões de vida e promovem harmonia social. Também deixou claro por que a intervenção governamental tende a empobrecer as pessoas e a provocar conflitos. Rejeitando o nacionalismo, escreveu: "*O liberal abomina a guerra, não como o humanitário, apesar do fato de que esta traz consequências benéficas, mas porque só traz consequências maléficas*".

Em todos os lugares, atribuía-se ao livre mercado a culpa pela Grande Depressão, porém Mises contrariou essa ideia

---

[8] O livro está atualmente disponível em língua portuguesa na seguinte edição: MISES, Ludwig von. *Liberalismo: Segundo a Tradição Clássica*. Preâmbulo de Louis M. Spadaro; prefs. Thomas Woods & Bettina Bien Greaves; trad. Haydn Coutinho Pimenta. São Paulo: Instituto Ludwig von Mises Brasil, 2ª Ed., 2010. (N. E.)

com *Die Ursachen der Wirtschaftskrise: ein Vortrag*[9] [*As Causas da Crise Econômica: Uma Palestra*], de 1931. Asseverou que a recessão e a depressão eram resultado da inflação anterior, causada pela expansão governamental da quantidade de crédito e dinheiro. Quando a inflação freasse, ou o volume de dinheiro e crédito se contraísse, muitos negócios estimulados pela inflação entrariam em colapso. Mises acreditava que o desemprego não diminuiria até que os vendedores aceitassem preços mais baixos e os trabalhadores aceitassem salários mais baixos, refletindo a realidade daquilo que compradores e empregadores estavam dispostos a pagar. Alertou para o fato de que o desemprego crônico seria consequência de políticas que mantivessem salários artificialmente altos durante uma depressão e estava certo: mais de 11 milhões de norte-americanos encontravam-se desempregados em 1940, quase o mesmo número do início do New Deal, em 1933. O economista inglês John Maynard Keynes (1883-1946), entretanto, foi aclamado por dizer aos políticos que deveriam intervir na economia e gastar o dinheiro das outras pessoas – o que já desejavam fazer, de qualquer forma.

Convidado por William E. Rappard (1883-1958) a juntar-se ao Graduate Institute of International and Development

---

[9] O texto na versão em inglês está atualmente disponível nas seguintes coletâneas: MISES, Ludwig von. "The Causes of the Economic Crisis: An Address". In: *On the Manipulation of Money and Credit: Three Treatises on Trade-Cycle Theory*. Ed. Percy L. Greaves, Jr.; trad. e pref. Bettina Bien Greaves. Indianapolis: Liberty Fund, 2011. p. 153-78; Idem. "The Causes of the Economic Crisis: An Address". In: *The Causes of the Economic Crisis and Other Essays Before and After the Great Depression*. Ed. e intr. Percy L. Greaves, Jr.; pref. Frank Shostak; trad. Bettina Bien Greaves. Auburn: Ludwig von Mises Institute, 2006. p. 155-81.

Studies [Instituto Universitário de Altos Estudos Internacionais] em Genebra, Ludwig von Mises partiu para essa cidade em 3 de outubro de 1934. Deixou para trás diversas posses pessoais no apartamento em Viena, onde havia vivido com a mãe desde 1911, incluindo milhares de livros de que não necessitaria para seu trabalho. Permaneceu na Suíça durante seis anos, conduzindo um seminário em francês durante as manhãs de sábado.

Aproximadamente um ano após a morte de sua mãe, Ludwig von Mises surpreendeu seus amigos ao casar-se no dia 6 de julho de 1938, em uma cerimônia civil suíça que necessitou de cinco advogados para executar dezenove documentos. Margit Herzfeld (1890-1993), a esposa de Mises, era uma atriz que havia encenado peças de Johann Wolfgang von Goethe (1749-1832), Henrik Ibsen (1828-1906), Friedrich Schiller (1759-1805), William Shakespeare (1564-1616) e Liev Tolstoi (1828-1910), dentre outros. Eles se conheciam há treze anos e ela tivera dois filhos com seu falecido marido Ferdinand Serény (†1923), Guido Serény e Gitta Serény (1921-2012). Nascida em 6 de julho de 1890, Margit von Mises tratava-se de *"uma mulher glamourosa, de cerca de um metro e setenta. Era um pouco vaidosa e tinha algo de esnobe, mas era sempre uma excelente anfitriã. Mises havia lhe avisado: 'escrevo sobre dinheiro, porém nunca vou ter muito'"*.

Mises concentrou-se, a seguir, na escrita de um grande livro, que veio a se tornar *Nationaloekonomie, Theorie des Handelns und Wirtschaftens* [*Economia: Teoria da Ação e da Troca*], com 756 páginas e publicado em alemão no ano de 1940. Partindo de axiomas fundamentais sobre a ação humana, desenvolveu uma defesa abrangente do livre mercado e atacou todo tipo de interferência governamental na economia. Foi um ato de coragem vir a público com esse livro em um momento em que regimes totalitários estavam ganhando poder. A obra foi publicada em Genebra pela Editions Union.

Após a queda da França, os Mises decidiram deixar a Europa. Em 4 de julho de 1940, embarcaram em um ônibus para Cerberes, França, perto da fronteira espanhola, frequentemente mudando de rota para escapar dos nazistas. Tentaram por três vezes, sem sucesso, entrar na Espanha. Finalmente, chegaram a Lisboa, em Portugal, e, após duas semanas de esforços constantes, Margit von Mises conseguiu passagens em um navio para Nova York. Chegaram no dia 2 de agosto de 1940 e se estabeleceram em um pequeno apartamento no número 777 da West End Avenue, que ocupariam pelo resto de suas vidas.

Mises estava profundamente deprimido pelo naufrágio de seus esforços na luta contra o socialismo e por alguma segurança financeira. Não tinha qualquer expectativa de um emprego estável, e, embora tivesse algum dinheiro na Inglaterra, não podia transferi-lo para os Estados Unidos devido aos controles de câmbio. Hayek ajudou usando o dinheiro de Mises para comprar livros raros – como uma primeira edição da obra *The Wealth of Nations* [*A Riqueza das Nações*] de Adam Smith (1723-1790) – e enviando-os, o que era legal.

Um mês após chegar aos Estados Unidos, Ludwig von Mises telefonou para o então editor financeiro do *New York Times*, Henry Hazlitt (1894-1993). Hazlitt tinha se deparado pela primeira vez com o nome de Mises ao ler o livro *The Value of Money*[10] [*O Valor do Dinheiro*] de Benjamin Anderson (1886-1949), lançado originalmente em 1917, e havia resenhado no *New York Times* a edição em inglês de *Die Gemeinwirtschaft*, lançado com o título *Socialism: An Economic and Sociological Analysis* [*Socialismo: Uma Análise Econômica e Sociológica*], chamando-o de *"a análise mais devastadora do socialismo jamais escrita"*. Hazlitt ajudou a tirar Gitta, a filha de treze anos de Margit, de Paris, que se encontrava ocupada pelos nazistas, usando seus relacionamentos no *New York Times* com um funcionário do Departamento de Estado do governo norte-americano.

Henry Hazlitt encorajou Ludwig von Mises a escrever nove artigos sobre a situação europeia, que foram publicados no *New York Times*. Os artigos levaram a uma conexão do autor com a National Association of Manufacturers (NAM) [Associação Nacional de Industriais], uma das líderes na oposição à intervenção do governo na economia. Mises contribuiu com um estudo de dois volumes patrocinado pela NAM, *The Nature and Evolution of the Free Enterprise System* [*A Natureza e a Evolução do Sistema de Livre Empresa*], e conheceu diversos industriais norte-americanos. Na mesma época, em 24 de dezembro de 1940, Mises foi notificado de que a Rockefeller Foundation havia doado uma verba ao National Bureau of Economic Research [Departamento Nacional de Pesquisa Econômica], possibilitando que escrevesse *Omnipotent*

---

[10] ANDERSON, Benjamin. *The Value of Money*. New York: The MacMillan Company, 1917. (N. E.)

Government[11] [*Governo Onipotente*] e *Bureaucracy*[12] [*Burocracia*], seus primeiros livros escritos em inglês. Henry Hazlitt chamou a atenção de Eugene Davidson (1902-2002), editor da Yale University Press, para estes livros, e ele concordou em publicá-los.

Burocracia explicava que empresas privadas são muito mais eficientes e dinâmicas do que burocracias governamentais, porque seus gestores podem usar a imaginação e tentar coisas novas, sendo o desempenho facilmente monitorado por lucros e perdas. A performance dos burocratas não pode ser facilmente monitorada. Dar-lhes demasiada discricionariedade resulta em arbitrariedade e corrupção.

Em *Omnipotent Government*, Ludwig von Mises relacionou o Nazismo (Nacional-Socialismo) ao Comunismo, os quais, segundo os intelectuais da moda, seriam fenômenos completamente distintos. Mises contra-argumentou afirmando que *"os nazistas não apenas imitaram as táticas bolcheviques de tomada de poder. Copiaram muito mais. Importaram da Rússia o sistema de partido único e o papel privilegiado deste partido e de seus membros na vida pública; a posição suprema da polícia secreta... execuções e prisões de adversários políticos; campos de concentração"*.

---

[11] A obra está disponível atualmente na seguinte edição: MISES, Ludwig von. *Omnipotent Government: The Rise of the Total State and Total War*. Ed. e pref. Bettina Bien Greaves. Indianapolis: Liberty Fund, 2011. (N. E.)

12 Em português a obra está disponível na seguinte edição: MISES, Ludwig von. *Burocracia*. Ed. e pref. Bettina Bien Greaves; apres. Jacques Rueff; pref. Alex Catharino; posf. William P. Anderson; trad. Heloísa Gonçalves Barbosa. São Paulo: LVM, 2017. (N. E.)

Hazlitt encorajou Davidson a considerar a publicação de *Nationaloekonomie*, traduzido e adaptado para o público norte-americano. Mises escreveu a Davidson explicando que seu objetivo era

(...) Fornecer uma teoria abrangente do comportamento humano que incluísse não apenas o estudo de uma economia de mercado (o sistema de livre empresa), mas também o estudo de qualquer outro sistema de cooperação social, como por exemplo o socialismo, intervencionismo, corporativismo, e assim por diante. Ademais, considero necessário que se lide com as objeções que têm sido levantadas contra a solidez do raciocínio econômico e a validade dos métodos até aqui aplicados por economistas de todas as escolas e linhas de pensamento sob diversos pontos de vista – como por exemplo: Ética, Psicologia, História, Antropologia, Etnografia, Biologia.

Quando *Human Action: A Treatise on Economics*[13] [*Ação Humana: Um Tratado sobre Economia*] foi publicado, em setembro de 1949, o livro foi respeitosamente resenhado em diversas publicações, incluindo *New York Herald Tribune*, *New York Journal American*, *New York World-Telegram*, *The Wall Street Journal*, *Commentary*, *Saturday Review of Literature* e *American Economic Review*. No *New York Times*, o socialista John Kenneth Galbraith (1908-2006) considerou Mises *"um*

---

[13] O monumental tratado está disponível em português na seguinte edição: MISES, Ludwig von. *Ação Humana: Um Tratado de Economia*. Trad. Donald Stewart Jr. São Paulo: Instituto Ludwig von Mises Brasil, 3ª Ed., 2010. (N. E.)

homem culto e um professor famoso". Partidários da liberdade estavam extasiados. Henry Hazlitt, que havia deixado o *New York Times* e começado a escrever sua coluna semanal, "Business Tides" [A Maré dos Negócios], disse, na edição de 19 de setembro de 1949, que *"Ação Humana é (...) ao mesmo tempo a mais intransigente e rigorosamente argumentada declaração em favor do capitalismo que já se viu"*. Rose Wilder Lane (1886-1968), autora de *Discovery of Freedom*[14] [Descoberta da Liberdade] de 1943, chamou *Ação Humana* de *"o maior produto da mente humana em nossa era"*. O economista Murray N. Rothbard aclamou o livro como *"a Bíblia econômica do homem civilizado"*.

Ação Humana descreveu os mercados livres como

(...) Uma democracia na qual cada centavo dá o direito a um voto... Na democracia política, apenas os votos no candidato da maioria ou no plano da maioria efetivamente influenciam os rumos da política. Os votos da minoria não influenciam diretamente as políticas. Mas, no mercado, nenhum voto é dado em vão. Cada centavo gasto tem o poder de influenciar os processos de produção. Lançando histórias de detetives, as editoras não fornecem livros apenas à maioria, mas também à minoria que lê poesia lírica e tratados filosóficos. Os padeiros não assam pães apenas para as pessoas saudáveis, mas também para pessoas enfermas sob dietas especiais (...). É verdade que, no mercado, os diversos consumidores não têm os

---

[14] LANE, Rose Wilder. *Discovery of Freedom: Man's Struggle Against Authority*. New York: The John Dat Company, 1943. (N. E.)

mesmos direitos de voto. Os ricos têm mais votos que os cidadãos mais pobres. Mas esta desigualdade é, ela mesma, resultado de um processo de votação anterior. Em uma economia de mercado pura, ser rico é resultado do sucesso em atender às demandas dos consumidores.

Ação Humana foi ofertado como uma alternativa no *Book-of-the-Month Club* [Clube do Livro do Mês] e foi traduzido ao francês, italiano, japonês e espanhol. A Yale University Press publicou uma nova edição de *Socialism* em 1951, uma nova edição de *Theory of Money and Credit* em 1953 e, finalmente, a primeira edição do livro *Theory and History*[15] [*Teoria e História*] em 1957. A editora Van Nostrand publicou *The Anti-capitalist Mentality*[16] [*A Mentalidade Anticapitalista*], de 1956, que relata como o livre mercado enriquece as culturas. A segunda edição de *Ação Humana* lançada pela editora de Yale foi, entretanto, um dos maiores fiascos editoriais já vistos; havia páginas faltando, páginas com letras em negrito, com letras mais claras, dentre outros problemas. A editora de Henry Regnery (1912-1996), em Chicago, lançou logo uma terceira edição corrigida, e a Fox & Wilkes, de São Francisco, lançou uma edição em brochura.

---

[15] A obra foi lançada em português na seguinte edição: MISES, Ludwig von. *Teoria e História: Uma Interpretação da Evolução Social e Econômica*. Pref. Murray N. Rothbard; trad. Rafael de Sales Azevedo. São Paulo: Instituto Ludwig von Mises Brasil, 2014. (N. E.)

[16] Em língua portuguesa, ver: MISES, Ludwig von. *A Mentalidade Anticapitalista*. Ed. e pref. Bettina Bien Greaves; apres. F. A. Hayek; pref. Francisco Razzo; posf. Israel M. Kirzner; trad. Carlos dos Santos Abreu. São Paulo: LVM, 3ª ed., 2017. (N. E.)

Enquanto isso, Mises continuava a falar em favor do livre-mercado onde pudesse e, em uma destas ocasiões, encontrou Leonard E. Read (1898-1983), gerente-geral da Câmara de Comércio de Los Angeles. Dois anos depois, Read criou a Foundation for Economic Education (FEE) e contratou Mises como autor e palestrante por seis mil dólares ao ano. Mises estava dentre os convidados por Hayek para formar a Mont Pelerin Society, um grupo internacional de acadêmicos liberais criado em 1947.

Em 1945, Ludwig von Mises concordou em dar um curso sobre socialismo todas as segundas-feiras à noite na Escola de Negócios da New York University (NYU), localizada no número 100 da Trinity Place. Ele receberia mil dólares por semestre e, em 1948, Mises começou também um seminário sobre controles governamentais todas as quintas-feiras à noite. Quando a NYU anunciou que não lhe pagaria mais, Harold Luhnow (1895-1978), do William Volker Charities Fund, de Kansas City, ofereceu-lhe 8,5 mil dólares ao ano. Após a dissolução dessa instituição em 1962, Leonard E. Read, Henry Hazlitt e o publicitário Lawrence Fertig (1898-1986) levantaram fundos para o salário anual de Mises. Inicialmente, 11,7 mil dólares por ano. O seminário das segundas-feiras continuou até 1964. O das quintas-feiras, até 1969. Entre 1960 e 1964, o seminário das quintas-feiras ocorreu na sala 32 da Gallatin House, no número 6 da Washington Square North.

De acordo com Barbara Branden (1929-2013), biógrafa da famosa romancista e filósofa Ayn Rand (1905-1982):

(...) Começando no final da década de 1950 e continuando por mais de dez anos, Ayn começou a articular uma campanha para que o trabalho de Mises fosse lido e apreciado: publicou resenhas, citou-o em artigos e discursos públicos, participou de alguns de seus seminários na New York University, recomendou-o aos admiradores da sua filosofia.

Após seu nonagésimo aniversário, Ludwig von Mises padeceu de uma dolorosa obstrução intestinal. Faleceu no dia 10 de outubro de 1973, por volta das oito e meia da manhã, aos 92 anos de idade.

As previsões de Ludwig von Mises foram dramaticamente confirmadas pelo colapso do império soviético em 1991. Na revista *The New Yorker*, o influente autor socialista Robert L. Heilbroner (1919-2008) relembrou que Mises há muito tempo sustentava *"que nenhum Conselho de Planejamento Central poderia jamais juntar a enorme quantidade de informações necessárias para se criar um sistema econômico viável"*. *"Mises estava certo"*, admitiu Heilbroner.

No outono de 1996, o economista norte-americano Richard M. Ebeling e sua esposa, a historiadora russa Anna Ebeling, localizaram cerca de dez mil documentos que Ludwig von Mises havia deixado em seu apartamento em Viena. Esses papeis haviam sido confiscados pela Gestapo e, após a guerra, os soviéticos haviam se apropriado do material, que foi levado para Moscou. Foram liberados somente após o colapso da União Soviética. Segundo Ebeling, *"percebe-se que Ludwig von Mises foi mais importante e influente do que até mesmo seus admiradores mais profundos poderiam ter imaginado"*. Ebeling está escrevendo uma biografia de Mises e o acadêmico alemão Jörg Guido Hülsmann está completando outra[17].

Muito tempo depois que Karl Marx (1818-1883) e John Maynard Keynes forem esquecidos, Ludwig von Mises ainda será conhecido como o homem que disse a verdade sobre o poder dos governos que flagelaram o século XX. Ele demonstrou com tremenda clareza que o livre-mercado combate a pobreza, liberta o espírito humano e possibilita que as pessoas respirem livremente em todos os lugares.

---

[17] O volumoso livro, com mais de mil páginas, foi lançado na seguinte edição: HÜLSMANN, Jörg Guido. *Mises: The Last Knight of Liberalism*. Auburn: Ludwig von Mises Institute, 2007. (N. E.)

Os lucros desempenham um papel central no capitalismo e, volta e meia, sou indagado a respeito de se a busca pelos lucros constitui evidência de cobiça. Não em si mesma. O fato de um empreendimento ser lucrativo pouco nos diz a respeito de sua relevância moral.

O lucro, afinal de contas, nada mais é do que o nome que a contabilidade atribui à situação na qual rendimentos ultrapassam os custos. Em outras palavras, uma empresa que obtém lucros internaliza mais dinheiro do que despende em todos os seus custos, inclusive com materiais, imóveis, trabalho e impostos. O oposto dos lucros são as perdas financeiras. Uma firma que perde ao invés de ganhar dinheiro não consegue sobreviver por muito tempo. Assim, sob circunstâncias gerais, os lucros são condição necessária para o sucesso e a continuidade de um negócio.

Introdução à Edição Brasileira
O Papel dos Lucros

Padre Robert A. Sirico

Obviamente, o governo pode resgatar um negócio não lucrativo às custas dos contribuintes. Entretanto, tal medida apenas desloca a necessidade de lucros para outras empresas – lucrativas – que pagam tais impostos. Se muitas pessoas e firmas não lucrativas forem resgatadas, aquelas que geram lucros começarão a se perguntar por que deveriam se esforçar tanto. Quando uma empresa não é lucrativa, isso é um sinal de que algo está errado com a firma: talvez os métodos de produção sejam ineficientes, os custos fixos sejam excessivos, os produtores precisem se renovar, ou quaisquer outras debilidades que possamos imaginar. O apoio do governo apenas elimina o incentivo de se aprimorar, atrasando as mudanças necessárias para que a empresa possa voltar a ser economicamente saudável. A história está repleta de exemplos de empresas disfuncionais resgatadas pelo governo: um golpe duplo para o público consumidor, que é tanto privado dos benefícios que uma empresa melhorada poderia proporcionar ao mercado, quanto por causa da grande quantidade de seu dinheiro de impostos que se destina à recuperação das finanças de tais empresas.

As empresas lucrativas são aquelas que encontram um meio de criar e fornecer produtos e serviços a preços altos o suficiente para cobrir seus custos, porém ao mesmo tempo baixos o suficiente para que os consumidores os considerem atraentes. A empresa lucrativa, em outras palavras, é aquela que prospera criando e proporcionando valor.

Essa dimensão positiva dos negócios é, frequentemente, ocultada por trás do estereótipo comum do capitalista ganancioso – um estereótipo representado nas imagens dos cartões sorte/revés do jogo *Banco Imobiliário*: um homem de negócios bem alimentado que usa cartola e fuma charuto. A imagem representa, ao mesmo tempo, o mundo dos grandes negócios e o jogador de *Banco Imobiliário* bem-sucedido, que se torna rico por meio da sorte e da competição desenfreada. No *Banco Imobiliário*, a vitória não ocorre porque o jogador enriqueceu criando valor em um empreendimento de negócios; em vez disso, a vitória sobrevém quando um dos jogadores obtém sucesso em tirar todo o dinheiro dos demais, levando-os à falência. Trata-se, literalmente, de um jogo de soma-zero[1]. Entretanto, parece que algumas pessoas confundem o mundo real com um jogo de *Banco Imobiliário* – e caem na falácia de acreditar que as pessoas podem ganhar, no mercado, somente às custas das perdas dos demais. Por exemplo, se

---

[1] No campo da Teoria dos Jogos, a área da Matemática que se ocupa do estudo das situações de interação estratégica que envolvem conflito ou cooperação, jogos de soma-zero são aqueles nos quais o ganho de um jogador corresponde à perda equivalente dos demais jogadores. (N. T.)

há pessoas pobres, isso deve ser, claramente, por causa dos ricos, que apanharam uma fatia tão grande de alguma torta pré-existente, a ponto de não sobrar quase nada para os mais pobres. Se fosse o caso, a solução óbvia seria forçar que a torta fosse dividida de maneiras mais equitativas.

Entretanto, talvez a torta não permaneça sempre ali, do mesmo tamanho e por toda a eternidade. Talvez muitos dos ricos não consigam obter mais do que sua fatia justa; talvez possam obter mais do que isso. O pressuposto de soma-zero evita inclusive que as pessoas possam perguntar se a solução para a pobreza não poderia ser fazer alguma coisa para que a torta cresça ainda mais.

Essa mentalidade de soma-zero é especialmente forte entre membros do clero, que com frequência veem os lucros com desconfiança. Em conversas com colegas clérigos que adotam este ponto de vista, costumo perguntar: se os lucros são moralmente duvidosos, então as perdas são mais éticas? O importante é esclarecer a natureza dos lucros e das perdas — que são ferramentas para entender o estado de saúde de uma empresa. Lucros indicam que os recursos estão sendo utilizados de maneira sábia; perdas sugerem o contrário. Embora lucros e perdas não sejam a razão de ser e finalidade última de uma empresa, são indicadores de primeiro nível, cruciais, acerca de quão efetivamente atende às necessidades ou desejos dos consumidores.

Dado que os desejos humanos sempre ultrapassam os recursos escassos, toda sociedade precisa de alguma orientação para alocar tais recursos. Alguma coisa ou alguém precisa decidir se a água será utilizada para saciar a sede, para tomar banho ou para a irrigação, e se o minério de ferro será utilizado para fabricar automóveis ou tratores. O mesmo vale para todos os recursos sociais. Até o recurso do tempo, também escasso,, requer alguma ferramenta para sua alocação adequada.

Uma solução para o problema da alocação de recursos escassos é controlar as decisões no mercado, bem como os recursos, a partir de algum ponto central. Em diversos graus, essa é a estratégia defendida pelo socialismo em suas diferentes formas. Conforme aprendemos de experiências amargas, o problema com essa estratégia de alocação de recursos é que concentra um poder enorme em poucas mãos. O excesso de poder tende a produzir efeitos perversos sobre a natureza humana. Entretanto, ainda há um segundo problema – o problema do conhecimento. Mesmo se os participantes da elite política que controla a economia fossem moralmente perfeitos, ainda não disporiam de informações suficientes para alocar, de forma eficiente, a totalidade dos recursos humanos e materiais. Esses dois problemas prejudicaram ou arruinaram todas as economias de planejamento centralizado que apareceram na história.

Afortunadamente, existe uma estratégia alternativa para a alocação dos recursos escassos: a rede de preços, que emerge naturalmente a partir das trocas voluntárias entre compradores e vendedores no mercado. Aqui, as leis da economia entram no jogo. Um preço mais baixo para qualquer bem em particular sinaliza abundância relativa; as pessoas podem comprar mais daquele bem. Um preço mais elevado sinaliza escassez relativa, forçando as pessoas a economizar sua utilização desse bem. Por meio desse sistema, no qual os preços dos bens e serviços estão em fluxo constante, os consumidores podem equilibrar suas necessidades com relação à disponibilidade dos diversos bens, e podem saber, em um dado momento, o quanto desses bens deveriam comprar e utilizar; e os produtores podem saber o quanto de um dado bem deveriam produzir e vender. Os preços nos ajudam a determinar se um bem ou serviço está sendo desperdiçado e, portanto, se sua produção deveria ser interrompida, ou se é um bem altamente desejado – com a consequente necessidade de aumentar a produção. Por exemplo, quando empreendedores descobriram como bombear, armazenar, refinar e utilizar os derivados do petróleo, seu preço caiu muito abaixo do preço do óleo de baleia. Os preços eliminaram o óleo de baleia do mercado. Com isso, a pressão para matar baleias por causa da gordura diminuiu.

Os lucros também podem ser entendidos como uma espécie de sinalização de preços. Auferir um lucro indica, a uma empresa, que ela está desempenhando suas funções de uma maneira que é aprovada por um segmento do público – não somente em termos conceituais, por intermédio de opiniões que poderiam fornecer em uma sondagem, mas com o dinheiro suado. Perdas informam aos gestores e proprietários que precisam realizar ajustes, ou então orientar-se para outros objetivos, de maneira a evitar o desperdício de recursos sociais. Assim, o mecanismo de sinalização dos lucros e perdas desempenha uma função econômica insubstituível. A lucratividade serve como uma força motivante, mas também – e, o que é ainda mais importante, – significa que o trabalho está sendo bem feito.

Uma observação importante: as obrigações sociais dos negócios não terminam com a provisão lucrativa de bens e serviços. Os negócios devem ser honestos, honrar os contratos, servir à comunidade no sentido mais amplo e atentar para as dimensões morais do processo de investimentos. O sistema de preços não garante, magicamente, o comportamento moral. Para dar um exemplo doloroso, porém realista, o sistema de preços em uma sociedade depravada pode assinalar que a utilização mais valiosa das mulheres jovens de origem humilde é servindo como prostitutas. A confusão surge quando as pessoas constatam esses males e assumem, de maneira equivocada, que acabar com o livre mercado irá, de algum modo, resolver o problema. Basta uma pequena reflexão para revelar o erro. Colocar a economia sob comando e controle não remove a luxúria e o egoísmo dos corações humanos. Esses vícios persistem. O que acontece é que passam a ser alimentados e administrados por algum órgão do Estado – com o problema adicional de que as famílias pobres ficam com ainda menos opções econômicas alternativas, dado que a economia comandada e controlada coloca vários empreendimentos moralmente preferíveis fora de alcance. Embora o sistema de preços de uma economia livre não seja capaz de proporcionar uma fundamentação moral para a sociedade e, a despeito de não remover as oportunidades para obter ganhos ilícitos, facilmente supera qualquer forma de socialismo na capacidade de proporcionar alternativas morais e socialmente benéficas para escapar da pobreza.

Não há senão uma maneira de melhorar o bem-estar material dos homens, isto é, acelerar o aumento do capital acumulado com respeito à população. Nenhuma lucubração psicológica, por mais sofisticada que seja, pode alterar esse fato.

Dr. Ludwig Edler von Mises

Ludwig von Mises (1881-1973) apresentou suas considerações sobre "Lucros e Perdas" na quarta reunião da Sociedade Mont Pèlerin, que teve lugar em Beauvallon, França, entre 9 e 16 setembro de 1951. O ensaio foi posteriormente incluído na coletânea *Planning for Freedom*[1] [*Planejando para a Liberdade*]. Como livreto, o texto original de Mises em inglês está disponível no Ludwig von Mises Institute[2], na forma impressa e *on-line*.

Ludwig von Mises divide seu ensaio em três partes. A primeira parte trata da "natureza econômica" dos lucros e perdas, a segunda parte aborda a "condenação" dos lucros, enquanto a terceira parte examina "a alternativa".

---

[1] MISES, Ludwig von. *Planning for Freedom*. South Holland: Libertarian Press, 1952.
[2] MISES, Ludwig von. *Profit and Loss*. Auburn: Ludwig von Mises Institute, 2008.

Prefácio à Edição Brasileira

Antony Mueller

A tese central do ensaio de Ludwig von Mises é que a eliminação dos lucros transformaria a ordem capitalista em caos e criaria pobreza para todos. O socialismo não pode funcionar porque destrói o cálculo econômico. Abolir os lucros não é uma alternativa que funciona. Entretanto, o chamado "terceiro caminho" do intervencionismo também não dá. Acabar com lucros e perdas significa não só abolir o capitalismo, mas acabar com qualquer forma de economia racional. A batalha contra os lucros e contra a motivação para obtê-los é uma luta pela desintegração econômica. É preciso ter em mente que, com a abolição dos lucros, vem a desintegração econômica e assim também resulta uma transformação das instituições sociais. Quando o controle sobre a produção muda do lado dos empresários para o dos comandantes do "exército industrial" de Karl Marx (1818-1883) e para os "trabalhadores armados" de Vladimir Lenin (1870-1924), liberdades civis também morrem com essa transformação.

O capitalismo é o sistema econômico que melhor fornece produtos para as massas. No centro desse sistema encontra-se o empresário, que é guiado por lucros e perdas. *"A função dos empreendedores é obter lucros; lucros altos são a prova de que realizaram bem a tarefa de remover os desajustes da produção"*[3]. O capitalismo não pode sobreviver sem lucros e, consequentemente, a abolição do lucro significa o fim do capitalismo. As exigências de lucros e perdas obrigam o capitalista a empregar seu capital em favor dos consumidores. Em última instância, as decisões dos consumidores são o que determinam qual empresário sofrerá um prejuízo e quem vai desfrutar de um lucro. Lucros e perdas são ferramentas da soberania do consumidor.

A pobreza é o resultado da falta de capitalismo. Nos países em desenvolvimento, por exemplo, a pobreza se espalha quando alguns dos efeitos do capitalismo, como aqueles que combatem a doença e prolongam a vida, são adotados sem abraçar completamente o capitalismo. Esses países experimentam um aumento da população sem um aumento paralelo na produtividade devido à falta de liberdade econômica. O que é necessário na luta contra a pobreza é a acumulação de capital e a utilização desse capital em favor das massas – tudo o que o capitalismo empresarial entrega. Em todos os lugares e em todos os tempos, a pobreza do povo é o resultado da falta de capitalismo.

Quando as pessoas falam em igualdade, raramente há alguém que favoreça que a própria renda seja reduzida; o grito

---

[3] Na presente edição, ver: "A Condenação dos Lucros". p. 111.

de igualdade serve para exigir o confisco da renda dos outros. O motivo da exigência de igualdade é a obtenção de mais, e não um convite para compartilhar da própria riqueza com as pessoas que têm menos. Da mesma maneira, a chamada da esquerda em favor do "internacionalismo" é um mero gesto retórico. Certamente, o primeiro ato de um governo mundial seria confiscar a renda nos países onde ela é mais elevada.

Mises observa que as pessoas se voltam para o comunismo, socialismo, fascismo e intervencionismo por causa da ignorância. A maioria das pessoas se encontram, muitas vezes, em favor das políticas erradas porque lhes falta compreensão e sabedoria. Essa falta de senso e da inteligência comuns os leva a apoiar os programas de políticas econômicas erradas e a acolher, entusiasticamente, promessas utópicas. *"A origem do socialismo não está na pobreza, mas em preconceitos ideológicos espúrios"*[4].

Na primeira parte de seu ensaio, Ludwig von Mises trata da emergência dos lucros e perdas nas empresas. Mises ressalta que, em uma economia capitalista, empresários determinam o curso da produção sob o comando do juiz final, que é o cliente. O "soberano" da produção em uma economia de mercado é o consumidor. As preferências dos consumidores determinam o que está sendo produzido e por quem. Lucros e perdas surgem como consequência das decisões dos consumidores de comprar ou de abster-se de comprar. O consumidor elege quem, entre os empresários, é considerado o mais apto para satisfazer as necessidades e desejos mais urgentes.

---

[4] Idem. *Ibidem.*, p. 45.

Aqueles empresários que não cumprem com eficiência os desejos do consumidor, sofrem perdas, e precisam desaparecer do mercado. A função das perdas é eliminar os fornecedores ineficientes em favor daqueles que são mais aptos a satisfazer as demandas dos consumidores.

Se todos os atores econômicos antecipassem corretamente o futuro, nem lucros, nem perdas surgiriam. Sob a presunção de que todos os empresários poderiam prever corretamente o futuro, todos os preços da economia refletiriam a cada instante corretamente já os preços do futuro, e nem lucros, nem perdas apareceriam. Na realidade econômica, os lucros surgem para o empresário que conseguiu prever melhor que o concorrente os preços futuros da mercadoria e dos fatores de produção. Esse empreendedor que prevê melhor que os concorrentes a constelação futura em relação a certos produtos pode adquirir o uso dos fatores de produção a um preço que ainda não reflete o preço futuro do produto que será produzido pela combinação desses fatores de produção. O erro de julgamento sobre os preços futuros leva às perdas. Esse empresário compra os fatores de produção a preços nos quais o nível de custos excede a receita das vendas e, portanto, constitui uma perda econômica. Lucros e perdas estão constantemente presentes em uma economia de mercado porque a economia está sujeita a alterações. Nessa perspectiva, o papel do empreendedor é lidar com mudanças e a recompensa por fazer isso com sucesso são os lucros.

Lucros devem ser distinguidos de outras formas de rendimentos. Os lucros são apenas uma parte da renda total. A fim de distinguir lucros de outras formas de receitas, os juros sobre o capital empregado devem ser excluídos e também o "quase-salário" do trabalho do empresário. É preciso também fazer uma distinção nítida entre atividade empresarial e inovação tecnológica. Empreendedor é aquela pessoa que, no fim das contas, recebe os lucros econômicos e precisa arcar com as perdas econômicas.

A função essencial de um empreendedor é a remoção de desajustes na economia. Para esse efeito, a atividade empresarial consiste em fazer uso de tecnologias que ainda não foram plenamente utilizados em favor dos consumidores. Também responder às alterações dos dados como resultado das mudanças da demanda por parte dos consumidores constitui a área fundamental do empreendedor. A atividade empresarial não consiste em simplesmente aumentar a produção por meio da acumulação de capital. É preciso também selecionar, dentre a multiplicidade de possibilidades tecnológicas, aquelas que servem melhor para satisfazer o consumidor.

O empresário não é o mesmo que um inovador, inventor ou administrador. A função empresarial principal é a tomada de decisões. O problema econômico não é só a produção, mas a produção de tal forma que atenda, em primeiro lugar, às necessidades mais urgentes dos consumidores. Pertence à função do empreendedor dirigir a economia nesse sentido.

As organizações sem fins lucrativos, até mesmo as empresas estatais, ficam fora desse contexto de fornecimento de bens para as necessidades mais urgentes dos consumidores. A maioria das entidades econômicas públicas operam com base na quantidade de capital que está alocado à sua disposição. A atividade do governo é liberada do constrangimento de satisfazer às necessidades mais urgentes dos consumidores porque, devido ao funcionamento do governo em uma sociedade, o governo pode recorrer à coerção e opressão pelo aparato policial.

A atividade do governo não tem nem preço, nem mercado. Assim, não há cálculo econômico, mas um cálculo de custo. A atividade do governo não está sujeita à ação empreendedora, mas é guiada pela gestão burocrática. Como organizações sem fins lucrativos, empresas do governo são soberanas para si mesmas e sua gama de atividade é determinada principalmente pela quantidade de capital à disposição, e não pelos desejos do público ou dos consumidores em particular.

No mercado, há um plebiscito permanente devido às decisões de compras por parte do público. Ao comprar ou deixar de comprar, os consumidores determinam quem possui realmente os fatores de produção. Em uma economia de mercado, o proprietário de fato do capital são os consumidores.

As escolhas dos consumidores são experimentais. O processo de mercado acontece como uma experiência permanente, na qual os consumidores revisam constantemente as decisões anteriores e formulam novos desejos. Nem os empresários, nem os consumidores são perfeitos. O que distingue a economia de mercado de outra forma de organização econômica, no entanto, é sua capacidade inerente para a correção de erros e para a inovação. Uma condição importante para que os mercados funcionem adequadamente é o acesso aberto aos mercados por outras empresas e por novos empreendedores. A interferência do governo por meio de regulamentos e normas dificulta a eficiência do mercado. Mercados não são perfeitos e a produção capitalista não pode cumprir todos os desejos ou necessidades de cada pessoa. Nenhum sistema pode. O sistema de mercado não elimina a escassez para todos, porém o sistema de mercado é aquela ordem econômica que melhor lida com a presença universal da escassez.

Empresas privadas precisam responder aos desejos dos consumidores porquanto estes indicam suas preferências pelos atos de compra. É uma falsa acusação, no entanto, que o mercado seja incapaz de fornecer bens de valor cultural mais elevado do que acontece no mercado. Tal acusação se baseia na imposição de juízo de valor sobre outras pessoas. No entanto, tal atitude autocrática é estranha à economia de mercado.

É preciso ter em mente que a escolha democrática é geralmente pior do que a decisão econômica da população. Enquanto a maioria das decisões de compra permitem a correção e a substituição imediatamente ou no curto espaço de tempo, as decisões políticas têm consequências de longo prazo que vão geralmente além do controle e do horizonte intelectual do eleitorado.

Não existe tal coisa como um "lucro normal". Lucros aparecem quando desajustes são corrigidos pela ação empreendedora. Quanto maior for o desajustamento, maior é o potencial de lucros. Da mesma forma, os lucros desaparecem quando esses desajustes são removidos. Na construção imaginária da "economia uniformemente circular", não há nem lucros, nem perdas.

Lucros e perdas não são o resultado da aplicação de capital, mas de ideias. Capital em si é uma coisa morta. A tese marxista de que é o capital que "gera" lucro não tem substância. Lucros resultam de boas ideias e sua realização empresarial. *"Os lucros são um produto da mente, do sucesso em antecipar o estado futuro do mercado. Conformam um fenômeno espiritual e intelectual"*[5].

Na medida em que não há critérios para estabelecer "lucros normais", não há nenhuma base para condenar "lucros excessivos". Uma tributação baseada na acusação de "lucros excessivos" significa, na verdade, punir o sucesso de uma empresa em melhor servir o público. Assim, a tributação comanda a atividade econômica na direção do desperdício e mau investimento. Quando o lucro é vilipendiado, a política tributária move a economia na direção de mais custos e menos eficiência.

É um erro fundamental supor que o lucro fosse um adendo (*mark-up*) aos custos de produção. Esta chamada teoria da remarcação dos preços sobre os custos surgiu na gestão das economias de guerra durante as duas guerras mundiais do passado. Ao determinar administrativamente os preços como uma remarcação porcentual dos custos pelo lucro, os burocratas realmente criam um incentivo extra para inflacionar os custos.

Mises denuncia a distinção entre renda "merecida" e "não merecida" como um resultado de inveja. Esta diferenciação injustificada constitui também a base para variações dos graus de tributação. Preconceito e falta de conhecimento econômico por parte da opinião pública transbordam na

---

[5] Na presente edição, ver: "A Natureza Econômica dos Lucros e das Perdas". p. 77.

legislação tributária prevalente. Confiscar o excedente da atividade econômica de uma empresa implica em um desvio de controle do capital de quem sabe empregá-lo melhor em favor da satisfação das necessidades públicas para o poder do Estado. Dessa maneira, os interesses políticos ganham domínio sobre o uso de recursos escassos. Essas políticas afrouxam o aperto do consumidor sobre o curso da produção.

O capitalismo puro torna ricos esses empresários que empregam o capital na melhor maneira possível para a satisfação do público. A riqueza de um capitalista é o resultado de lucros extraordinários e esses lucros, por sua vez, são o resultado de previsão extraordinária e do uso de capital para o benefício do público. *"Os lucros e as perdas são os instrumentos por meio dos quais os consumidores transferem a direção das atividades de produção para as mãos daqueles que são mais adequados para servi-los"*[6]. A fim de acumular riqueza, o empresário bem-sucedido deve reinvestir seu capital. O capitalista deve poupar para atingir mais riqueza. Transformar uma empresa de pequeno porte em um grande negócio requer a acumulação de capital e, como tal, poupança e reinvestimento de lucros.

Não há nem lucros, nem perdas na economia uniformemente circular (*evenly rotating economy*). Em uma economia estacionária, o montante dos lucros que uma parte dos empresários desfruta é igual à quantidade total de prejuízos sofridos por outros empresários. É apenas em uma economia progredindo que a soma de todos os lucros obtidos em toda a

---

[6] Idem. *Ibidem.*, p. 80.

economia é maior do que a soma de todas as perdas sofridas. Em tal economia o capital *per capita* está aumentando. Esse incremento vem de poupança. O padrão mais elevado do capital permite a busca de projetos que anteriormente tinham sido inatingíveis. O lucro empresarial é o motor do progresso econômico e, ao mesmo tempo, resultado do avanço econômico. Apenas numa economia que progride surgem lucros.

Os benefícios de um padrão de capital mais elevado que vem com uma economia progredindo não se limitam aos poupadores e empreendedores. Ao elevar a produtividade marginal do trabalho, os salários vão subir. De lá, os benefícios se espalham para os proprietários de terras e os proprietários de matérias-primas e para aqueles empresários que integram a nova capital em novos processos de produção. No final, com quais ficam os benefícios do progresso econômico. Enquanto o excesso de lucros vai desaparecer nas empresas com o desaparecimento do desajuste, o aumento do nível da qualidade de vida dos consumidores permanecerá.

A crença popular de que os lucros são dedução da renda dos trabalhadores e consumidores é errada. O que traz o progresso econômico é a poupança que cria o capital adicional. Capital permite inovações tecnológicas que aumentam a produtividade e levam a uma melhor qualidade de vida. Trabalhadores se beneficiam da ação empresarial e de todos aqueles que poupam para realizar a acumulação de capital.

Como categorias originalmente praxiológicas, lucros e perdas são qualidades psíquicas que não são redutíveis a termos quantitativos. Numa economia de mercado monetário que emerge com a divisão do trabalho, o cálculo em termos de unidades monetárias é indispensável. Porém, em sua substância, lucros e perdas se tornam intensivos em magnitude e incalculáveis. A dificuldade para ver que os itens essenciais que entram no cálculo monetário emanam da compreensão específica do estado futuro do mercado continua a enganar muitas pessoas e muitas vezes desvia a opinião pública. O que deve ser mantido claramente em mente é o fato de que na base do cálculo aritmético de resultados encontra-se *"uma antecipação especulativa"* pelo empreendedor[7].

Junto com a tributação, a inflação falsifica e dificulta o cálculo empresarial. Em um ambiente inflacionário, surgem lucros ilusórios. Este lucro inflacionário leva a investimentos errados e encargos fiscais mais elevados e à acusação de especulação. O resultado é uma confusão completa, quando códigos fiscais e regulamentações públicas visam fazer distinções entre lucros legítimos e lucros excessivos, e lucros em consequência da "especulação".

A condenação dos lucros surge a partir da suposição falaciosa que o lucro empresarial decorre de valores retidos dos trabalhadores e clientes. Ao abolir os lucros e os empreendedores, os socialistas afirmam que os salários poderiam ser maiores e os preços mais baixos. Essa é a ideia básica que leva à afirmação do "direito a todo o produto do trabalho" e à doutrina marxista da exploração. Enquanto não há nenhuma maneira de contestar cientificamente sobre essas doutrinas como juízos de valor, a teoria econômica pode muito bem contribuir para esclarecer as consequências se os lucros foram abolidos.

---

[7] Idem. *Ibidem.*, p. 84.

Dado que os socialistas afirmam que a abolição dos lucros iria melhorar o bem-estar material dos trabalhadores e de todos os outros não-empresários, a discussão se desloca para os meios e a pergunta é se estes são adequados ou não. Assim, a questão cai no campo da investigação científica. Nesse sentido, a ciência econômica pode esclarecer o assunto. A proposta da extinção dos lucros exige que os produtos sejam vendidos a preços que não excedam os custos de produção. Tal decreto equivale a uma regulação do preço máximo e, consequentemente, se for adotado isso implica em um sistema de racionamento. Empresários num tal sistema não ficam mais sob o mecanismo de lucros e perdas. Como consequência, a acumulação de capital pararia. Nenhum novo capital estaria disponível para novos ramos de produção e para a alocação de capitais nos lugares onde a demanda aumenta. Sob tal esquema da abolição dos lucros, portanto, a inovação cessaria juntamente com alocação eficiente de capital.

Mesmo sem realizar um socialismo definitivo, a abolição dos lucros por intermédio de um "preço de custo" pelo confisco dos lucros empresariais por parte do Estado via uma taxa de impostos de cem por cento sobre os lucros e por vários outros modos de tributação confiscatória traz o oposto do suposto serviço aos consumidores e aos trabalhadores. O confisco de lucros leva ao empobrecimento da sociedade e dos trabalhadores em especial.

Políticas públicas contra o lucro empresarial são o resultado de uma compreensão errada do funcionamento dos mercados. Estas políticas resultam do pressuposto de que as empresas têm poder e que vão abusar desse poder. Um preconceito geral contra o negócio se funde na aversão contra a grandeza de certas empresas e, junto com a inveja, formam a base emocional do ataque contra os lucros. Os proponentes dessas políticas não conseguem ver que é exatamente a motivação dos lucros o que obriga o empresário a aplicar seu capital em favor dos consumidores e a fornecer produtos de modo mais eficiente. Em uma economia de mercado, as grandes empresas só existem à medida que estão mais bem equipadas para servir o consumidor. Caso contrário, haveria muitas pequenas empresas. Assim, a estrutura natural de uma economia de mercado mostra uma mistura entre pequenas, médias e grandes empresas – dependente do ramo da atividade econômica em que atuam.

O surgimento de lucros é um indicativo de que a empresa opera de maneira eficiente e que seu produto é útil para satisfazer aos gostos do público. Perdas, para um negócio, resultam da falta de compradores e, como tal, são um sinal de que o empresário deve mudar o seu desempenho empresarial. Perdas forçam o empresário a iniciar mudanças de desempenho, ou sua empresa irá desaparecer do mercado. É a marca notável do capitalismo que, sob esse sistema, só as empresas que melhor servem os clientes podem se tornar ricas.

A pobreza dos países atrasados resulta da falta de empreendedores. Em contraste, o padrão de vida das massas é o mais elevado nos países que têm o maior número de empresários ricos. É no interesse de todos que os fatores de produção devem estar sob o controle de quem sabe no melhor jeito utilizar os fatores de produção: capital, trabalho e tecnologia.

É um erro popular presumir que o negócio é simplesmente administração e produção. No entanto, a mera rotina não dá para avançar a economia. O progresso econômico precisa da previsão empresarial. O empreendedor é necessário para alocar o capital onde as necessidades mais urgentes surgem a cada momento. O nível de riqueza de um país é principalmente o resultado da livre iniciativa. Nos países pobres, os trabalhadores costumam trabalhar muito e duro, mas o rendimento permanece baixo devido à ausência do empreendedorismo livre.

Regulamentos para a segurança e para a alegada proteção do consumidor paralisam o progresso econômico e dificultam a instalação de formas de negócio mais eficientes. Em seus casos extremos, a regulamentação estatal bloqueia a evolução econômica completamente e produz estagnação e declínio econômico. A pior ameaça para a prosperidade, para a civilização e para o bem-estar material dos assalariados é a incapacidade dos dirigentes sindicais e de seus economistas de apreciar o papel dos empresários da produção. O próprio Lenin descaradamente expôs sua ignorância sobre o mundo dos negócios quando o revolucionário soviético declarou que o controle da produção e distribuição é uma tarefa que poderia ser facilmente realizada pelo trabalhador armado. Para Lenin, a liderança de empresas consistia em mera rotina administrativa que não precisaria de nada além de *"monitorar, registrar e emitir recibos"*, capacidades *"que estão ao alcance de qualquer um que possa ler e escrever, e que conheça as primeiras quatro operações da aritmética"*[8].

---

[8] Na presente edição, ver: "A Condenação dos Lucros". p. 100.

Um outro tipo de ataque contra o lucro vem da ética. Nesta perspectiva, os empresários são acusados como sendo aproveitadores egoístas. Mises explica que isso coloca automaticamente o acusador em um pedestal moral mais elevado que lhe permite julgar e condenar o mau comportamento dos outros. Porém, toda a gente tem por objetivo melhorar as condições materiais da existência, mas sim o empresário está condenado porque é ele que faz um lucro em vez de simplesmente ganhar um salário. Esses julgamentos morais resultam de uma pura ignorância intelectual, da falta de conhecimento que os lucros resultam não de exploração, mas sim de servir o cliente. O julgamento moral que condena os lucros vem da ignorância. Mises consta em seu ensaio que o julgamento moral é a expressão de hipocrisia porque as mesmas pessoas que condenam o capitalismo, os capitalistas e os lucros são os mesmos que gostam de, sem quaisquer escrúpulos, aproveitar os produtos que o sistema capitalista proporciona[9].

Na sua forma mais primitiva, a socialização da economia e a abolição da iniciativa privada prometem que, quando os empresários forem eliminados, os trabalhadores vão conseguir consumir o que os capitalistas são acusados de consumir. Essa avaliação do tamanho relativo da riqueza dos capitalistas numa economia livre não só grosseiramente superestima o efeito líquido imediato da renda adquirida no início da expropriação, mas muito mais grave é o erro de presumir que a produção poderia continuar como antes. O *"socialista*

---

[9] Idem. *Ibidem.*, p. 109.

diletante"[10] não compreende o enorme esforço que é necessário para transformar o negócio para o caminho do melhor serviço possível. Tal equívoco forma a base não só das teses dos socialistas mais proeminentes, mas também dos "pseudoeconomistas" contemporâneos. Esses falsos economistas atuam hoje em dia primeiramente na teoria matemática da economia, já que essa abordagem deve necessariamente se concentrar na análise de estados estáticos da economia. A abordagem evita referência aos problemas reais da economia, mas promove o socialismo e intervencionismo. No entanto, não existe tal coisa como uma *"economia estática"* e todas as conclusões que são derivadas do equilíbrio estático *"descrição do mundo tal como ele é e como sempre será"*[11].

O texto de Mises sobre lucros e perdas é um "clássico" da Escola Austríaca. Não se encontra outra publicação que define o papel tão agudo do empreendedor na economia capitalista e o papel dos lucros e das perdas que de fato tornam o consumidor como soberano na economia capitalista.

---

[10] Idem. *Ibidem.*, p. 113.
[11] Idem. *Ibidem.*, p. 115.

LUCROS E PERDAS

CAPÍTULO 1

1 - A EMERGÊNCIA DOS LUCROS E DAS PERDAS

No sistema capitalista de organização econômica da sociedade, os empreendedores determinam o curso da produção. Na realização dessa função, estão incondicional e totalmente sujeitos à soberania do público comprador, os consumidores. Se fracassam em produzir da maneira melhor e mais barata as mercadorias que os consumidores demandam com mais urgência, sofrem perdas e, finalmente, são eliminados de sua posição empreendedora. São substituídos por outros homens, que sabem melhor como servir aos consumidores.

Se todas as pessoas conseguissem antecipar corretamente o estado futuro do mercado, os empreendedores não obteriam lucros nem sofreriam perdas. Teriam de comprar os fatores complementares de produção aos preços que, já no instante da compra, refletiriam completamente

A Natureza Econômica dos Lucros e das Perdas

os preços futuros dos produtos. Não haveria espaço para os lucros, nem para as perdas. O que faz com que os lucros apareçam é o fato de que o empreendedor, que julga os preços futuros dos produtos de maneira mais correta do que outras pessoas, compra alguns ou todos os fatores de produção a preços que, do ponto de vista do estado futuro do mercado, são muito baixos. Dessa maneira, os custos totais de produção – incluindo os juros sobre o capital investido – ficam atrás dos preços que o empreendedor recebe pelo produto. Esta diferença corresponde ao lucro A escolha de "empreendedor" em vez de "empresarial" é consciente.

Por outro lado, o empreendedor que julga de maneira equivocada os preços futuros dos produtos permite que os preços dos fatores de produção, do ponto de vista do estado futuro do mercado, sejam muito elevados. Seu custo total de produção excede os preços a que poderá vender os produtos. Esta diferença corresponde à perda empreendedora.

Portanto, lucros e perdas são gerados pelo sucesso ou fracasso em ajustar o curso das atividades produtivas às demandas mais urgentes dos consumidores. Uma vez que o ajuste é realizado, desaparecem. Os preços dos fatores complementares de produção alcançam o patamar no qual os custos totais de produção coincidem com o preço do produto. Os lucros e as perdas são características onipresentes somente por causa do fato de que incessantes mudanças nos dados econômicos produzem repetidamente novas discrepâncias, o que gera, consequentemente, a necessidade de novos ajustamentos.

2 - A DISTINÇÃO ENTRE LUCROS E OUTROS PROVENTOS

Muitos equívocos acerca da natureza do lucro e da perda decorrem da prática de aplicar o termo "lucro" à totalidade dos proventos residuais de um empreendedor.

O juro sobre o capital empregado não é componente do lucro. Os dividendos de uma corporação não são lucros. São juros sobre o capital investido acrescidos dos lucros, ou menos as perdas.

O equivalente de mercado do trabalho realizado pelo empreendedor na conduta dos assuntos da empresa corresponde ao quasi-salário do empreendedor, e não aos lucros.

Se a empresa tem um fator sobre o qual poderá receber preços de monopólio, obterá um ganho monopolista. Se esta empresa for uma corporação, tais ganhos aumentarão os dividendos. Entretanto, não são, propriamente, lucros.

Os erros devidos à confusão entre a atividade empreendedora e a inovação e aprimoramento tecnológico são ainda mais sérios.

O desajuste, cuja remoção é a função essencial do empreendedorismo, pode, com frequência, consistir do fato de que novos métodos tecnológicos ainda não foram utilizados até o limite máximo em que deveriam se encontrar para satisfazer, da melhor maneira possível, as demandas dos consumidores. Mas este não é, necessariamente, sempre o caso. Mudanças nos dados, especialmente na demanda dos consumidores, podem exigir ajustes que não fazem referência a inovações e melhoramentos tecnológicos. O empreendedor que simplesmente aumenta a produção de um item, adicionando às instalações de produção existentes algum novo equipamento, sem nenhuma modificação no método tecnológico de produção, não é menos empreendedor do que o homem que inaugura uma nova maneira de produzir. O papel do empreendedor não é meramente experimentar novos métodos tecnológicos, mas selecionar, dentre a multiplicidade de métodos tecnologicamente viáveis, aqueles que são mais adequados para fornecer ao público, da maneira mais barata possível, as coisas que são pedidas com mais urgência. Se um novo procedimento tecnológico é — ou não — adequado a esse propósito, isso deverá ser determinado, provisoriamente, pelo empreendedor, e será, finalmente, decidido pela conduta do público comprador. A questão não é se um novo método deve ser considerado como solução mais "elegante" para um problema tecnológico. É, em vez disso, se, em determinado estado dos dados econômicos, consiste no melhor método possível para abastecer os consumidores — da maneira mais barata que for possível.

As atividades do empreendedor consistem em tomar decisões. Determinam para que fins os fatores de produção devem ser empregados. Quaisquer outras ações que um empreendedor possa realizar serão meramente acidentais à sua função empreendedora. É isso que os leigos, em geral, não conseguem perceber. Confundem as atividades empreendedoras com a condução dos assuntos tecnológicos e administrativos de uma fábrica. Aos seus olhos, os verdadeiros empreededores não são os acionistas, os promotores e os especuladores, mas sim os empregados contratados. Os primeiros são meramente parasitas ociosos que embolsam os dividendos. Ninguém está alegando, aqui, que seria possível produzir sem trabalhar. Entretanto, também não é possível produzir sem bens de capital, os fatores da produção adicional, que são fabricados anteriormente. Tais bens de capital são escassos, isto é, não são suficientes para a produção de todas as coisas que gostaríamos de ver produzidas. Assim, surge o problema econômico: empregá-los de tal modo que somente sejam produzidos os bens adequados para satisfazer às demandas mais urgentes dos consumidores. Nenhum bem deve deixar de ser produzido porque os fatores necessários para a sua produção foram utilizados – desperdiçados – para a produção de algum outro bem, para o qual a demanda do público seja menos intensa. Para que isto seja obtido no capitalismo, temos a função do empreendedorismo, que determina a alocação do capital para os diversos ramos da produção. No socialismo, seria função do Estado, o aparato social da coerção e da opressão. O problema de se uma direção socialista, carente de qualquer método de cálculo econômico, seria ou não capaz de desempenhar tal função, não será abordado neste ensaio.

Existe uma regra prática simples para diferenciar os empreendedores daqueles que não o são. Os empreendedores são aqueles sobre os quais incidem perdas sobre o capital empregado. Os economistas amadores podem confundir lucros com outros tipos de entradas. No entanto, é impossível falhar no reconhecimento das perdas sobre o capital empregado.

3 - A CONDUÇÃO DOS NEGÓCIOS SEM FINS LUCRATIVOS

A chamada democracia de mercado se manifesta no fato de que os negócios voltados para a obtenção de lucros estão incondicionalmente sujeitos à supremacia do público comprador.

As organizações não lucrativas são soberanas em si mesmas. Encontram-se, dentro dos limites estabelecidos pela quantidade de capital à sua disposição, em posição de desafiar os desejos do público.

Um caso particular é o da condução dos assuntos do governo, a administração do aparato social de coerção e opressão, isto é, o poder policial. Os objetivos do governo, a proteção da inviolabilidade da vida e do bem-estar dos indivíduos e dos seus esforços para melhorar as condições materiais de sua existência, são indispensáveis. Beneficiam a todos e são o pré-requisito necessário para a cooperação social e a civilização. Contudo, não podem ser vendidos e comprados tal como ocorre com as mercadorias; não possuem, portanto, preços no mercado. Com relação a eles, não pode haver nenhum cálculo econômico. Os custos despendidos para sua condução não podem ser confrontados com um preço recebido pelo produto. Esse estado de coisas transformaria os oficiais responsáveis pela administração das atividades governamentais em déspotas irresponsáveis, caso não fossem contidos pelo sistema orçamentário. Nesse sistema, os administradores são forçados a respeitar instruções detalhadas a eles impostas pelo soberano, seja um autocrata autonomeado, seja a totalidade da população que age por intermédio dos representantes eleitos. Fundos limitados são designados aos oficiais, que se encontram restritos gastá-los somente para os propósitos determinados pelo soberano. Assim, a gestão da administração pública se torna burocrática, isto é, dependente de regras detalhadas e de regulamentos definidos.

A administração burocrática é a única alternativa disponível onde não há gestão de lucros e perdas[1].

---

[1] Ver: MISES, Ludwig von. *Human Action: A Treatise on Economics*. New Haven: Yale University Press, 1949. p. 306-07. Ver também: MISES, Ludwig von. *Bureaucracy*. New Haven: Yale University Press, 1944. p. 40-73. [Em língua portuguesa consultar: MISES, Ludwig von. *Ação Humana: Um Tratado de Economia*. Trad. Donald Stewart Jr. São Paulo: Instituto Ludwig von Mises Brasil, 3ª ed., 2010. p. 370-71; MISES, Ludwig von. *Burocracia*. Ed. e pref. Bettina Bien Greaves; apres. Jacques Rueff; pref. Alex Catharino; posf. William P. Anderson; trad. Heloísa Gonçalves Barbosa. São Paulo: LVM, 2017. p. XX. (N. E.)].

4 - A VOTAÇÃO DO MERCADO

Os consumidores, por intermédio de compras e abstenções de comprar, elegem os empreendedores como se participassem de um plebiscito que se repete diariamente. Determinam quem deveria possuir e quem não, bem como o que corresponderia a cada proprietário.

Tal como ocorre com todas as escolhas de uma pessoa – seja de titulares de cargos públicos, de funcionários, de amigos, ou de um cônjuge –, as decisões dos consumidores são realizadas com base na experiência e, portanto, sempre se referem, necessariamente, ao passado. Não existe experiência do futuro. A votação do mercado favorece aqueles que, no passado imediato, serviram melhor aos consumidores. Entretanto, a escolha não é inalterável e pode ser corrigida diariamente. O eleito que desaponta o eleitorado é rapidamente enviado de volta para as fileiras.

Cada voto dos consumidores acrescenta somente um pouco à esfera de ação do homem eleito. Para atingir os níveis mais elevados do empreendedorismo, precisa obter um grande número de votos, repetidos uma e outra vez durante longo período de tempo – uma série prolongada de proezas bem-sucedidas. Deve estar, todos os dias, sujeito a novo julgamento; deve ssubmeter-se, mais uma vez, à reeleição – por assim dizer.

O mesmo vale para seus sucessores. Poderão manter sua posição eminente somente caso recebam, uma e outra vez, aprovação por parte do público. Seus mandatos são revogáveis. Se os retêm, isto não ocorre por causa da deserção dos precedessores, mas por causa da própria habilidade para empregar o capital para a melhor satisfação possível dos consumidores.

Os empreendedores não são nem perfeitos, nem bons em algum sentido metafísico. Devem sua posição exclusivamente ao fato de que são mais capacitados do que outras pessoas para a realização das suas funções correspondentes. Obtêm lucros não por serem espertos na realização de suas tarefas, mas porque são mais espertos ou menos desastrados do que os demais. Não são infalíveis e, frequentemente, cometem tolices. Entretanto, são menos passíveis de erros e de tolices do que os outros. Ninguém tem o direito de se ofender com os erros cometidos pelos empreendedores na condução dos negócios, e de enfatizar que as pessoas teriam sido mais bem servidas caso os empreendedores tivessem sido mais hábeis e prescientes. Se o resmungão sabia melhor, por que ele mesmo não preencheu a lacuna e aproveitou a oportunidade para lucrar? É fácil, de fato, mostrar capacidade de previsão depois da ocorrência do evento. Em retrospecto, todos os tolos se tornam sábios.

Uma cadeia de raciocínio popular funciona do seguinte modo: o empreendedor obtém lucros não somente por causa do fato de que outras pessoas tiveram menos sucesso do que ele para antecipar corretamente o estado futuro do mercado. Ele mesmo contribuiu para a emergência do lucro, ao não produzir mais do produto em causa; se não fosse pela restrição intencional da produção, a oferta desse produto teria sido tão ampla que o preço teria caído a um ponto no qual não teria havido nenhum excedente de proventos acima dos custos de produção. Esse raciocínio está na base das doutrinas espúrias da competição imperfeita e monopolística. A administração norte-americana recorreu a ela há pouco tempo, quando culpou as empresas da indústria do aço pelo fato de que a capacidade de produção de aço dos Estados Unidos não fosse maior do que realmente era.

Decerto, os que estão engajados na produção de aço não são responsáveis pelo fato de que outras pessoas não entraram, igualmente, nesse campo da produção. A reprovação, por parte das autoridades, teria sido sensata caso tivessem atribuído o monopólio da produção de aço às corporações de aço existentes. Contudo, na ausência de tal privilégio, a reprimenda dada às usinas em operação não é mais justificada do que teria sido censurar os poetas e os músicos da nação pelo fato de que não há mais e melhores poetas e músicos. Se alguém deve ser culpado pelo fato de que o número de pessoas que se uniram à organização de defesa civil voluntária não é maior, tal culpa não deve ser atribuída àqueles que já se juntaram a essa organização, mas somente àqueles que não o fizeram.

Que a produção de uma mercadoria p não seja maior do que realmente é, deve-se ao fato de que os fatores complementares de produção necessários para uma expansão foram empregados na produção de outras mercadorias. Falar de insuficiência da oferta de p é uma retórica vazia se não indicar os vários produtos m que foram produzidos, em tão grandes quantidades, a ponto de fazer com que sua produção possa ser agora considerada, isto é, após o evento, como um desperdício dos fatores de produção escassos. Podemos assumir que os empreendedores que, em vez de produzirem quantidades adicionais de p, voltaram-se para a produção de quantidades excessivas de m e, consequentemente, sofreram perdas, não cometeram tal erro intencionalmente.

Tampouco os produtores de p restringiram intencionalmente a produção de p. O capital de cada empreendedor é limitado; emprega-o nos projetos que supõe que irão satisfazer as demandas mais urgentes do público – proporcionando, assim,o lucro mais elevado.

Um empreendedor que tem à sua disposição 100 unidades de capital emprega, por exemplo, 50 unidades para a produção de p e 50 unidades para a produção de q. Se ambas as linhas forem lucrativas, é estranho culpá-lo por não ter empregado mais – por exemplo, 75 unidades para a produção de p. Somente poderia aumentar a produção de p reduzindo proporcionalmente a produção de q. Mas, com relação a q, a mesma falha poderia ser encontrada pelos resmungões. Se culpamos o empreendedor por não ter produzido mais de p, deve-se também culpá-lo por não ter produzido mais de q. Isso quer dizer: culpa-se o empreendedor pelo fato da existência da escassez dos fatores de produção e pela Terra não ser a terra da Cocanha.

Talvez o resmungão possa formular uma objeção por considerar p como uma mercadoria vital, muito mais importante do que q. Assim, a produção de p deveria ser aumentada, e a de q deveria ser restringida. Se este for o verdadeiro significado de sua crítica, estará em desacordo com as valorações dos consumidores. Retira, assim, a máscara, e mostra suas aspirações ditatoriais: a produção não deveria ser dirigida pelos desejos do público, mas por sua própria discrição despótica.

Entretanto, se a produção de q por parte do nosso empreendedor envolve uma perda, é óbvio que seu erro não foi intencional, mas sim foi provocado por uma previsão fraca.

A entrada para as fileiras dos empreendedores em uma sociedade de mercado, não sabotada pela interferência do governo ou de outras agências que recorrem à violência, está aberta a todos. Aqueles que sabem como aproveitar qualquer oportunidade de negócios que venha a aparecer sempre encontrarão o capital necessário. Afinal de contas, o mercado se encontra repleto de capitalistas ansiosos para encontrar o emprego mais promissor para seus fundos, além de estarem buscando constantemente novatos engenhosos, cujas parcerias poderiam executar os projetos capazes de proporcionar os maiores retornos.

As pessoas muitas vezes fracassaram em perceber essa característica inerente ao capitalismo, porque não compreenderam o significado e os efeitos da escassez do capital. A tarefa do empreendedor é selecionar, dentre a multidão de projetos tecnologicamente factíveis, aqueles que satisfarão às necessidades mais urgentes do público – que ainda não foram satisfeitas. Os projetos para cuja execução a oferta de capital não é suficiente, não devem ser efetuados. O mercado está sempre abarrotado de visionários que desejam trazer à tona tais esquemas impraticáveis e inexequíveis. São os sonhadores que sempre reclamam da miopia dos capitalistas e que são muito estúpidos para cuidar dos próprios interesses. Obviamente, os investidores frequentemente erram na escolha dos investimentos. No entanto, tais falhas consistem precisamente no fato de que preferiram um projeto inadequado a algum outro que teria sido capaz de satisfazer às necessidades mais urgentes do público comprador.

As pessoas geralmente erram de forma bastante lamentável ao estimar o trabalho dos gênios criativos. Somente uma minoria consegue apreciar o suficiente para dar o devido valor às realizações dos poetas, dos artistas e dos pensadores. Pode ocorrer que a indiferença dos contemporâneos torne impossível que um gênio possa alcançar o que teria conseguido caso seus semelhantes tivessem mostrado um julgamento melhor. A maneira como o poeta laureado e o filósofo *à la mode* são selecionados é, certamente, questionável.

Entretanto, é inadmissível questionar a escolha dos empreendedores pelo livre-mercado. As preferências dos consumidores por determinados produtos podem estar abertas à condenação do ponto de vista da avaliação de um filósofo. Porém, juízos de valor são sempre necessariamente pessoais e subjetivos. O consumidor escolhe aquilo que, conforme acredita, pode satisfazê-lo mais. Ninguém é chamado para determinar o que poderia tornar outro homem mais feliz ou menos infeliz. A popularidade dos automóveis, dos aparelhos de televisão e das meias de náilon pode ser criticada de um ponto de vista "mais elevado". Mas estas são as coisas que as pessoas estão pedindo. Votam naqueles empreendedores que lhes oferecem essas mercadorias com melhor qualidade e pelo preço mais baixo.

Ao escolher entre os diversos partidos e programas políticos para a organização econômica e social da comunidade, a maior parte das pessoas se encontram desinformadas e tateiam no escuro. O eleitor médio carece de perspicácia para distinguir entre as políticas que são adequadas para atingir os fins almejados e as que são inadequadas. Encontra-se perdido para examinar as longas cadeias de raciocínio apriorístico que constituem a filosofia de um programa social abrangente. Pode, quando muito, formar alguma opinião sobre os efeitos de curto prazo das políticas em questão. Vê-se desamparado para lidar com os efeitos de longo prazo. Os socialistas e os comunistas, em princípio, afirmam com frequência a infalibilidade das decisões majoritárias. Entretanto, contradizem as próprias palavras, rejeitando seu credo ao criticar as maiorias parlamentares, e ao negar às pessoas, no sistema unipartidário, a oportunidade de escolha entre diferentes partidos.

Contudo, ao comprar uma mercadoria, ou ao se abster de comprá-la, não há nada além do anseio do consumidor pela melhor satisfação possível dos desejos momentâneos. O consumidor não escolhe – como o eleitor na votação política – entre diferentes meios cujos efeitos aparecem somente depois. Escolhe entre diferentes coisas que proporcionam satisfação imediata. Sua decisão é final.

Um empreendedor obtém lucro servindo aos consumidores, as pessoas, tais como elas são, e não como deveriam ser de acordo com os caprichos de algum resmungão ou ditador potencial.

5 - A FUNÇÃO SOCIAL DOS LUCROS E DAS PERDAS

Os lucros nunca são normais. Aparecem somente onde há um desajuste, uma divergência entre a produção real e a produção tal como deveria ser de maneira a utilizar os recursos materiais e mentais disponíveis para a melhor satisfação possível dos desejos do público. São o prêmio daqueles que removem esse desajuste; desaparecem tão logo o desajuste seja completamente removido. Na construção imaginária de uma economia uniformemente circular, não há lucros. Ali, a soma dos preços dos fatores complementares de produção, levando em conta adequadamente a preferência temporal, coincide com o preço do produto.

Quanto maiores forem os desajustes anteriores, maior o lucro obtido pela sua remoção. Os desajustes podem, às vezes, ser chamados de excessivos. É inapropriado, contudo, aplicar o epíteto "excessivo" aos lucros.

As pessoas concebem o que são lucros excessivos confrontando os lucros obtidos com o capital empregado no empreendimento, e medindo-os como porcentagem do capital. Esse método é sugerido pelo procedimento habitual, aplicado em parcerias e corporações, para a atribuição de quotas dos lucros totais aos parceiros individuais e aos acionistas. Esses homens contribuíram em medidas diferentes para a realização do projeto e participam dos lucros e perdas de acordo com a extensão de suas contribuições.

Entretanto, o que gera os lucros e as perdas não é o capital empregado. O capital não "gera lucros", conforme Karl Marx (1818-1883) imaginou[2]. Os bens de capital, enquanto

---

[2] O sistema marxista defende que no processo pelo qual o dinheiro é transformado em mercadorias e estas novamente em dinheiro (D – M – M) não há uma verdadeira *"diferença qualitativa entre seus extremos, pois ambos são dinheiro"*, existindo apenas uma *"diferença quantitativa"*, visto que, de acordo com esse raciocínio, quase

tais, são coisas mortas que, em si mesmas, não realizam nada. Se forem utilizados de acordo com uma boa ideia, os lucros virão como resultado. Se forem utilizados de acordo com uma ideia equivocada, o resultado será o não-lucro ou a perda. É a decisão empreendedora que cria ou os lucros, ou as perdas. Os lucros originam-se, em última análise, de ações mentais, da mente do empreendedor. Os lucros são um produto da mente, do sucesso em antecipar o estado futuro do mercado. Conformam um fenômeno espiritual e intelectual.

O absurdo de condenar quaisquer lucros como excessivos pode ser mostrado facilmente. Um empreendimento com uma quantidade c de capital produz uma quantidade definida p de produto, o qual é vendido a preços que produzem um excedente s de proventos sobre os custos e, consequentemente, um lucro de n por cento. Se o empreendedor tivesse sido menos capaz, teria precisado de um capital $2c$ para a produção da mesma quantidade p. Por razões de argumentação, podemos inclusive negligenciar o fato de que isto teria,

---

sempre *"se retira mais dinheiro da circulação do que se lançou nela no início"*. Ainda nessa mesma passagem do primeiro volume da obra *Das Kapital* [*O Capital*], lançado originalmente em 1867, Karl Marx defende que *"a forma completa desse processo"* pode ser expressa pela fórmula $D - M - D'$, de acordo com a qual $D' = \Delta D$, ou seja, equivalente à *"soma de de dinheiro originalmente adiantada mais um acréscimo"*. No pensamento marxista este *"acréscimo"* ou *"excedente"* sobre o *"valor primitivo"* é denominado *"mais-valia"* ou *"valor excedente"*. *"O valor originalmente antecipado não só se mantém na circulação"*, de acordo com essa perspectiva, *"mas nela altera a própria magnitude, acrescenta uma mais-valia, valoriza-se"*, concluindo que *"este movimento transforma-se em capital"*. Em língua portuguesa, ver: MARX, Karl. *O Capital: Crítica da Economia Política – Livro I: O Processo de Produção do Capital*. Trad. Reginaldo Sant'Anna. Rio de Janeiro: Civilização Brasileira, 29ª ed., 2011. Vol. 1, Parte Segunda, Capítulo IV, 1 p. 181. (N. E.)

necessariamente, aumentado os custos de produção, dado que teria dobrado os juros sobre o capital empregado, e podemos assumir que s teria permanecido inalterado. Mas, de qualquer forma, s teria sido confrontado com $2c$ em vez de c, e, portanto, o lucro teria sido de somente $n/2$ por cento do capital empregado. O lucro "excessivo" teria sido reduzido a um nível "justo". Por que? Porque o empreendedor foi menos eficiente e porque a falta de eficiência privou seus semelhantes das vantagens que teriam obtido caso uma quantidade c dos bens de capital tivesse permanecido disponível para a produção de outra mercadoria.

Ao estigmatizar os lucros como excessivos e penalizar os empreendedores eficientes por meio de tributação discriminatória, as pessoas se prejudicam a si mesmas. Taxar os lucros corresponde a taxar o sucesso por servir melhor ao público. O único objetivo de todas as atividades de produção é empregar os fatores de produção de tal maneira que rendam a maior produção possível. Quanto menor se torna a quantidade de insumos necessários para a produção de um artigo, maior a porção dos fatores de produção escassos que são deixados para a produção de outros itens. Mas, quanto melhor um empreendedor se sai com relação a isso, mais será vilipendiado e mais será explorado pela tributação. Um custo maior por unidade de produto, isto é, o desperdício, é elogiado como virtude.

A manifestação mais fascinante do fracasso completo em compreender o papel da produção e a natureza e função dos lucros e das perdas aparece na superstição popular de que os lucros correspondem a um adendo aos custos da produção, cujo nível depende unicamente da discrição do vendedor. Essa é a crença que orienta os governos no controle de preços. É a mesma crença que levou muitos governos a fazerem acordos com os contratantes, segundo os quais o preço a ser pago por um item entregue deveria se igualar aos custos de produção despendidos pelo vendedor, mais uma porcentagem definida. O efeito provocado foi que, quanto maior o excedente obtido pelo fornecedor, isso reflete menos sucesso para evitar custos supérfluos. Contratos desse tipo aumentaram consideravelmente as quantias que os Estados Unidos precisaram gastar nas duas guerras mundiais. Entretanto, os burocratas, e, antes de tudo, os professores de economia que serviram nas diversas agências governamentais durante as guerras, vangloriaram-se de sua maneira inteligente para lidar com a questão.

Todas as pessoas, tanto empreendedores quanto não empreendedores, olham de soslaio para os lucros auferidos por outras pessoas. A inveja é uma fraqueza comum aos homens[3]. As pessoas relutam em reconhecer o fato de que elas mesmas poderiam ter obtido lucros caso tivessem mostrado a mesma capacidade de previsão e de julgamento que o homem de negócios bem-sucedido. Quanto mais se encontram cientes desse fato, subconscientemente, mais violento é o ressentimento.

Não haveria nenhum lucro, não fosse pela ânsia do público por adquirir as mercadorias ofertadas pelo empreendedor

---

[3] Uma fundamental análise sociológica acerca da inveja é apresentada no seguinte trabalho: SCHOECK, Helmut. *Envy: A Theory of Social Behaviour*. Trad. Michael Glenny e Betty Ross. Indianapolis: Liberty Fund, 1987. (N. E.)

de sucesso. No entanto, as mesmas pessoas que disputam tais artigos vilipendiam o homem de negócios e consideram que seus lucros foram obtidos de maneira desonesta.

A expressão semântica dessa postura invejosa é a distinção entre os rendimentos do trabalho e os rendimentos do capital. Tal distinção permeia os livros-texto, a linguagem das leis e do processo administrativo. Assim, por exemplo, o Formulário oficial 201 para a declaração do imposto de renda do estado de Nova York considera como "Ganhos" somente a compensação recebida pelos empregados, e, por implicação, todos os demais rendimentos, inclusive os que resultam do exercício de uma profissão, são considerados rendimentos de capital. Essa é a terminologia de um estado cujo governador é um republicano e cuja assembléia estadual tem maioria republicana.

A opinião pública tolera os lucros até que não excedam o salário pago a um empregado. Qualquer excedente é rejeitado como injusto. O objetivo da tributação é, sob o princípio da "capacidade para pagar", confiscar esse excedente.

No entanto, uma das principais funções dos lucros é transferir o controle do capital para aqueles que sabem empregá-lo da melhor maneira possível para a satisfação do público. Quanto mais lucros um homem obtém, consequentemente maior sua riqueza se torna, e mais influente será na condução dos assuntos de negócios. Os lucros e as perdas são os instrumentos por intermédio dos quais os consumidores transferem a direção das atividades de produção para as mãos daqueles que são mais adequados para servi-los. Qualquer medida que seja tomada para reduzir ou confiscar os lucros prejudica essa função. O resultado de tais medidas será enfraquecer o aperto que os consumidores mantêm sobre o curso da produção. A máquina econômica se torna, do ponto de vista das pessoas, menos eficiente e menos ágil.

A inveja do homem comum concebe os lucros dos empreendedores como se fossem totalmente utilizados para consumo. Uma parte deles é, obviamente, consumida. Mas somente aqueles empreendedores que consomem meramente uma fração de seus proventos e reinvestem a maior porção em seus empreendimentos alcançam a riqueza e a influência na esfera dos negócios. O que faz com que pequenos negócios se transformem em grandes empresas não são os gastos, mas sim a poupança e a acumulação de capital.

6 - LUCROS E PERDAS NA ECONOMIA QUE PROGRIDE E QUE RETROCEDE

Chamamos de estacionária uma economia na qual a parcela *per capita* da renda e da riqueza dos indivíduos permanece inalterada. Em uma economia desse tipo, o que os consumidores gastam a mais com a compra de alguns itens precisa ser igual ao que gastam a menos com outros artigos. A quantidade total dos lucros auferidos por uma parte dos empreendedores se iguala à quantidade total das perdas sofridas por outros empreendedores.

Um excedente da soma de todos os lucros obtidos na economia como um todo, acima da soma de todas as perdas sofridas, emerge somente em uma economia que progride, isto é, em uma economia em que a parcela *per capita* do capital aumenta. Esse incremento é feito por intermédio da poupança, que acrescenta novos bens de capital à quantidade disponível anteriormente. O aumento do capital à disposição cria desajustes, na medida em que provoca uma discrepância entre o estado atual da produção e o estado que o capital adicional possibilita. Graças à emergência do capital adicional, certos projetos que, até então, não podiam ser executados, tornam-se factíveis. Na direção do novo capital para os canais em que poderá satisfazer os desejos mais urgentes entre os desejos dos consumidores não satisfeitos previamente, os empreendedores obtêm lucros que não são contrabalançados pelas perdas de outros empreendedores.

O enriquecimento gerado pelo capital adicional destina-se apenas parcialmente àqueles que o criaram por meio da poupança. Aumentando a produtividade marginal do trabalho e, portanto, os níveis salariais, o restante vai para os que recebem pagamentos e salários e, por meio do aumento do preço das matérias-primas definidas e dos gêneros alimentícios, para os proprietários de terras e, finalmente, para os empreendedores que integram esse novo capital aos processos de produção mais econômicos. Entretanto, embora o ganho dos assalariados e dos proprietários de terras seja permanente, os lucros dos empreendedores desaparecem, uma vez que essa integração seja concretizada. Os lucros dos empreendedores são, como já se mencionou anteriormente, um fenômeno permanente somente pelo fato dos desajustes aparecerem cotidianamente, e sua eliminação permite que os lucros sejam auferidos.

Em prol do argumento, vamos recorrer ao conceito de renda nacional, tal como empregado na economia popular. É óbvio que, em uma economia estacionária, nenhuma parte da renda nacional se transforma em lucros. Somente em uma economia que progride há excedente dos lucros totais sobre as perdas totais. A crença popular de que os lucros correspondem a uma dedução da renda dos trabalhadores e dos consumidores é totalmente falaciosa. Se desejamos aplicar o termo "dedução" a esse assunto, devemos dizer que esse excedente dos lucros sobre as perdas, assim como os aumentos dos assalariados e dos proprietários de terras, é deduzido dos ganhos daqueles cuja poupança produziu o capital adicional. A poupança é o veículo do melhoramento econômico, é o que torna possível o emprego de inovações tecnológicas e é o que aumenta a produtividade e o padrão de vida. São os empreendedores que, por meio de suas atividades, cuidam da maior parte do emprego econômico do capital adicional. À medida que os próprios empreendedores não poupam, os trabalhadores os proprietários de terras em nada contribuem para a emergência das circunstâncias geradoras do chamado progresso e desenvolvimento econômico. São beneficiados, por um lado, pela poupança das outras pessoas, o que cria capital adicional, e, por outro lado, pelas ações empreendedoras que direcionam esse capital adicional para a satisfação dos desejos mais urgentes. Uma economia em retrocesso é uma economia em que a parcela *per capita* do capital investido se encontra em decréscimo. Em tal economia, a quantidade total das perdas sofridas pelos empreendedores excede a quantidade total dos lucros obtidos por outros empreendedores.

7 - O CÁLCULO DOS LUCROS E DAS PERDAS

As categorias praxiológicas originais dos lucros e das perdas são qualidades psicológicas e não são redutíveis a nenhuma descrição interpessoal em termos quantitativos. São magnitudes limitadas. A diferença entre o valor do fim alcançado e o valor dos meios aplicados para atingi-lo é o lucro, caso seja positiva, e a perda, caso seja negativa.

Onde há divisão social dos esforços e da cooperação, bem como propriedade privada dos meios de produção, o cálculo econômico em termos de unidades monetárias se torna factível e necessário. Lucros e perdas são calculáveis como fenômenos sociais. Os fenômenos psicológicos do lucro e da perda, dos quais derivam em última análise, permanecem, obviamente, como magnitudes intensivas incalculáveis.

O fato de que, no marco da economia de mercado, os lucros e as perdas dos empreendedores sejam determinados por operações aritméticas, tem enganado muitas pessoas. Erram por imaginar que itens essenciais que entram nesse cálculo são estimativas que emanam do entendimento específico do empreendedor a respeito do estado futuro do mercado. Acreditam que tais cálculos estão abertos ao exame e verificação, ou à sua alteração por parte de um perito desinteressado. Ignoram o fato de que tais cálculos são, via de regra, parte inerente à antecipação especulativa do empreendedor a respeito de condições futuras incertas.

Para os propósitos deste ensaio, é suficiente referir um dos problemas da contabilidade de custos. Um dos itens que constam de uma relação dos custos é o estabelecimento da diferença entre o preço pago pela aquisição do que geralmente é chamado de equipamentos de produção duráveis e seu valor presente. O valor presente é o equivalente monetário da contribuição que determinado equipamento proporcionará nos ganhos futuros. Não há certeza acerca do estado futuro do mercado e o nível desses ganhos. Podem ser determinados somente por uma antecipação especulativa realizada pelo empreendedor. É absurdo chamar um especialista e colocar seu julgamento arbitrário no lugar do julgamento do empreendedor. O especialista é objetivo visto que não é afetado por um erro cometido. Porém o empreendedor arrisca o próprio bem-estar material.

Obviamente, a lei determina magnitudes que chama de lucros e perdas. Entretanto, tais magnitudes não são idênticas aos conceitos econômicos de lucros e de perdas, e não devem ser com eles confundidas. Se uma lei tributária chama de lucro a uma magnitude, com efeito determina o nível dos impostos devidos. Chama a esta magnitude de lucro porque deseja justificar sua política tributária aos olhos do público. Seria mais correto, para o legislador, omitir o termo "lucro" e falar somente em uma base para o cálculo do imposto devido.

A tendência das leis tributárias é calcular o que chamam de lucros da maneira mais alta possível, de modo a aumentar a receita pública imediata. Mas há outras leis comprometidas com a tendência de restringir a magnitude do que chamam de lucros. Os códigos comerciais de muitas nações foram e são orientados pelo empenho em proteger os direitos dos credores. Têm por objetivo restringir o que chamam de lucros para evitar que o empreendedor possa se retirar da firma ou da corporação em benefício próprio, com prejuízo excessivo dos credores. Essas eram as tendências em operação na evolução dos usos comerciais e que dizem respeito ao nível habitual das quotas de depreciação.

Não tenho necessidade, hoje, de me deter no problema da falsificação do cálculo econômico em condições inflacionárias. As pessoas começam a compreender o fenômeno dos lucros ilusórios, o desdobramento das grandes inflações de nossa era.

O fracasso em compreender os efeitos da inflação sobre os métodos habituais de calcular lucros originou o conceito moderno de *especulação*. Um empreendedor é chamado de especulador se sua demonstração de resultados de lucros e perdas, calculados em termos de uma moeda sujeita a uma inflação que progride rapidamente, mostra lucros que outras pessoas consideram "excessivos". Ocorreu com muita frequência, em diversos países, que a demonstração de resultados de lucros e perdas de tal especulador, quando calculados em termos de uma moeda não inflacionada ou menos inflacionada, mostrou não somente que não havia lucro algum, mas sim perdas consideráveis.

Mesmo se negligenciarmos, para fins argumentativos, qualquer referência ao fenômeno dos lucros ilusórios induzidos meramente pela inflação, é óbvio que o epíteto de especulador é a expressão de um juízo de valor arbitrário. Não há outro padrão disponível para a distinção entre especular a obtenção de lucros justos além daquele proporcionado pela inveja e ressentimento pessoal do censurador.

É realmente estranho que uma lógica ilustre, a falecida L. Susan Stebbing (1885-1943), tenha fracassado completamente em dar-se conta da questão envolvida. A professora Stebbing equiparou o conceito de especulação a ideias que se referem a uma distinção de tal natureza que nenhuma linha clara pode ser estabelecida entre os extremos. A distinção entre lucros excessivos ou especulação, e "lucros legítimos", declarou, é nítida, embora não seja clara[4]. Tal distinção é clara somente com relação a um ato de legislação que define o termo "lucros excessivos" tal como utilizado em seu contexto. Mas isto não era o que Stebbing tinha em mente. Enfatizou explicitamente que tais definições legais são feitas "de maneira arbitrária para os propósitos práticos da administração". Utilizou o termo *legítimo* sem nenhuma referência a estatutos legais e suas definições. Mas é permissível empregar o termo "legítimo" sem referência a nenhum padrão, do ponto de vista sob o qual a coisa em questão deva ser considerada como legítima? E há qualquer outro padrão disponível para a distinção entre especulação e lucros legítimos, além do proporcionado por juízos pessoais de valor?

A professora Stebbing fez referência aos famosos argumentos *acervus* e *calvus* dos antigos lógicos. Muitas palavras são vagas, visto que se aplicam a características que podem ser possuídas em graus variáveis. É impossível estabelecer uma linha divisória nítida entre aqueles que são calvos e aqueles que não o são. É impossível definir com precisão o conceito de calvície. Mas o que a professora Stebbing deixou de perceber é que a característica segundo a qual as

---

[4] STEBBING, L. Susan. Thinking to Some Purpose. New York: Pelican Books, 1939. p. 185-87.

pessoas distinguem entre os que são calvos e os que não o são está aberta a uma definição precisa. Trata-se da presença ou ausência de cabelo na cabeça de uma pessoa. Esta é uma marca distintiva clara e não ambígua, cuja presença ou ausência pode ser estabelecida pela observação e expressar-se mediante proposições acerca da existência. O que é vago é meramente a determinação do ponto em que a não-calvície se transforma em calvície. As pessoas podem discordar com respeito à determinação desse ponto. Entretanto, as discordâncias referem-se à interpretação da convenção que atribui determinado significado à palavra calvície. Não há juízos de valor implicados. Pode ocorrer, obviamente, que as diferenças de opinão sejam, em um caso concreto, causadas por viés. No entanto, isso é outro assunto.

A imprecisão de palavras tais como calvo é a mesma inerente aos numerais e aos pronomes indefinidos. A linguagem necessita desses termos, dado que, para diversos propósitos da comunicação diária entre os homens, uma determinação aritmética exata das quantidades seria supérflua e muito enfadonha. Os lógicos estão redondamente enganados ao tentarem atribuir a tais palavras, cuja vagueza é intencional e serve a propósitos definidos, a precisão dos numerais definidos. Para um indivíduo que planeja visitar Seattle, a informação de que há muitos hotéis nessa cidade é suficiente. No entanto, um comitê que planeja realizar uma convenção em Seattle requer informação precisa a respeito da quantidade de quartos de hotel disponíveis.

O erro da professora Stebbing consistiu em confundir proposições existenciais com juízos de valor. Sua falta de familiaridade com os problemas da economia, exibida por todos os seus escritos que são, de outra forma, valiosos, deixou-a desorientada. Não teria cometido tal disparate em um campo que tivesse conhecido melhor. Não teria declarado que há uma distinção clara entre os "direitos legítimos" de um autor e "direitos autorais ilegítimos". Teria compreendido que o grau dos direitos autorais depende da apreciação do livro pelo público e que um observador que critica o grau desses direitos autorais meramente expressa seu juízo pessoal de valor.

CAPÍTULO 2

1 - A economia e a abolição dos lucros

Aqueles que desdenham o lucro empreendedor como "imerecido" querem dizer que se trata de um proveito injustamente retirado, seja dos trabalhadores, seja dos consumidores, seja de ambos. Essa é a ideia subjacente ao alegado "direito ao produto total do trabalho" e à doutrina marxista da exploração. Pode-se dizer que a maior parte dos governos – ou talvez todos – e a imensa maioria de nossos contemporâneos endossam, de maneira geral, essa opinião, embora alguns deles sejam generosos o suficiente para concordar com a sugestão de que uma fração dos lucros deveria ser deixada para os "exploradores".

Não há utilidade alguma em argumentar a respeito da adequação dos preceitos éticos. Derivam da intuição; são arbitrários e subjetivos.

A Condenação dos Lucros

Não há um padrão objetivo disponível com respeito ao qual possam ser avaliados. Os fins últimos são escolhidos pelos juízos de valor dos indivíduos. Não podem ser determinados pela pesquisa científica ou pelo raciocínio lógico. Se um homem diz: "Isso é o que tenho de alcançar como objetivo, quaisquer que sejam as consequências de minha conduta e o preço que tiver de pagar para que possa ser assim", ninguém estará em posição de opor argumento algum. Contudo, a verdadeira questão é: se realmente é verdade que esse homem estaria disposto a pagar qualquer preço para a obtenção do fim em questão. Caso a última questão seja respondida de maneira negativa, torna-se possível entrar em uma análise da questão envolvida.

Se realmente houvesse pessoas preparadas para enfrentar todas as consequências da abolição do lucro, por mais prejudiciais que possam ser, a economia não poderia lidar com o problema. Mas este não é o caso. Aqueles que desejam abolir os lucros se orientam pela ideia de que seu confisco melhoraria o bem-estar material de todos os que não são empreendedores. A seus olhos, a abolição dos lucros não é um fim último, mas um meio para alcançar um fim definido, isto é, o enriquecimento dos não-empreendedores. Se esse fim pode, de fato, ser atingido pelo emprego desse meio, e se o emprego desse meio não vier a produzir, talvez, alguns outros efeitos que poderão parecer, a algumas ou a todas as pessoas, mais indesejáveis do que as condições anteriores ao emprego de tais meios, essas são questões que a economia é chamada a prescrutar.

2 - As consequências da abolição dos lucros

A ideia de abolir os lucros em favor dos consumidores requer que o empreendedor deva ser forçado a vender seus produtos por preços que não excedam os custos de produção despendidos. Dado que tais preços se encontram, para todos os itens cuja venda teria resultado em lucro, abaixo do preço potencial de mercado, a oferta disponível não será suficiente para garantir que todos os que desejam comprar possam adquirir os artigos por esses preços. O mercado ficará paralisado pelo decreto de preços máximos e não poderá alocar os produtos entre os consumidores. Então, um sistema de racionamento precisará ser adotado.

A sugestão de abolir os lucros dos empreendedores para benefício dos empregados não tem por objetivo a abolição dos lucros. O objetivo é arrancá-los das mãos dos empreendedores e entregá-los aos empregados.

Em um tal esquema, a incidência das perdas incorridas recai sobre o empreendedor, enquanto os lucros vão para os empregados. É provável que os efeitos de tal arranjo façam com que as perdas aumentem e os lucros diminuam. De qualquer maneira, uma parte maior dos lucros seria consumida e uma parte menor seria poupada e reinvestida novamente no empreendimento. Nenhum capital estaria disponível para o estabelecimento de novos ramos de produção, nem para a transferência de capital dos ramos que – em conformidade com a demanda dos consumidores – deveriam encolher para os ramos que deveriam se expandir. Afinal de contas, restringir o capital ali empregado e transferi-lo para outro ramo ou empreendimento causaria prejuízos aos interesses daqueles que estão empregados em determinado ramo ou empreendimento. Se tal esquema tivesse sido adotado há meio século, todas as inovações que foram realizadas nesse período teriam sido impossíveis. Se, em prol do argumento, estivéssemos dispostos a negligenciar qualquer referência ao problema da acumulação de capital, ainda teríamos de notar que dar os lucros aos empregados resultaria na rigidez do estado de produção atingido, o que impediria qualquer ajuste, qualquer melhoramento e qualquer progresso.

De fato, o esquema transferiria a propriedade do capital investido para as mãos dos empregados. Seria equivalente ao estabelecimento do sindicalismo e geraria todos os efeitos desse sistema, que nenhum autor ou reformador jamais teve coragem de defender abertamente.

Uma terceira solução para esse problema seria confiscar todos os lucros obtidos pelos empreendedores para benefício do Estado. Uma taxa de cem por cento sobre os lucros realizaria essa tarefa. Transformaria os empreendedores em administradores irresponsáveis de todas as fábricas e oficinas. Já não estariam sujeitos à supremacia do público comprador. Seriam apenas pessoas que teriam o poder de lidar com a produção da maneira que lhes agradasse mais.

As políticas de todos os governos contemporâneos que não adotaram o socialismo por completo aplicam esses três esquemas em conjunto. Confiscam, mediante várias medidas de controle de preços, uma parte dos lucros potenciais para o alegado benefício dos consumidores. Apóiam os sindicatos trabalhistas em seus esforços para arrancar, sob o princípio da "capacidade para pagar" para a determinação dos salários, parte dos lucros dos empreendedores. E, por último, porém não menos importante, estão decididos a confiscar parte cada vez maior dos lucros para a receita pública mediante impostos progressivos sobre os rendimentos, taxas especiais sobre as rendas corporativas e taxas sobre "lucros excessivos". Podemos compreender facilmente que tais políticas, caso prossigam, muito em breve obterão sucesso em abolir completamente os lucros dos empreendedores.

O efeito conjunto da aplicação dessas políticas já se encontra, atualmente, produzindo o caos. O efeito final será a concretização plena do socialismo por meio da expulsão dos empreendedores. O capitalismo não pode sobreviver à abolição dos lucros. Lucros e perdas são aquilo que força os capitalistas ao emprego do capital para servir aos consumidores da melhor maneira possível. Lucros e perdas são aquilo que torna essas pessoas soberanas na conduta dos negócios mais adequados para satisfazer ao público. Se os lucros vierem a ser abolidos, o resultado será o caos.

3 - Os argumentos contrários aos lucros

Todas as razões apontadas em favor de uma política contrária aos lucros resultam de uma interpretação equivocada da maneira como a economia de mercado funciona.

Os magnatas são muito poderosos, muito ricos e muito grandes. Abusam do poder para o próprio enriquecimento. São tiranos irresponsáveis. A grandeza de um empreendimento é um mal em si. Não há razão para que alguns homens devam possuir milhões enquanto outros permanecem pobres. A riqueza de poucos é a causa da pobreza das massas.

Cada palavra dessas acusações apaixonadas é falsa. Os homens de negócios não são tiranos irresponsáveis. É precisamente a necessidade de obter lucros e evitar perdas que dá aos consumidores mão firme sobre os empreendedores, e que os força a cumprir os desejos das pessoas. O que torna uma firma grande é o sucesso em satisfazer, da melhor maneira possível, às demandas dos compradores. Se o empreendimento maior não serviu melhor às pessoas do que um empreendimento menor, será reduzido à pequenez. Não há dano nos esforços de um homem de negócios para enriquecer aumentando os lucros. O homem de negócios tem, em sua capacidade enquanto homem de negócios, somente uma tarefa: esforçar-se para buscar o maior lucro possível. Lucros grandes são a prova de um bom serviço prestado no atendimento aos consumidores. As perdas são a prova de erros cometidos, ou do fracasso em desempenhar satisfatoriamente as tarefas que competem a um empreendedor. As riquezas dos empreendedores bem-sucedidos não são a causa da probreza de ninguém; decorrem do fato de que os consumidores são mais bem atendidos do que teriam sido na ausência do esforço do empreendedor. A penúria de milhões, nos países atrasados, não é causada pela opulência de ninguém; é correlativa ao fato de que seus países carecem de empreendedores que adquiriram riquezas. O padrão de vida do homem comum é maior nos países que têm um maior número de empreededores ricos. É no maior interesse material de todos que o controle dos fatores de produção deva se concentrar nas mãos daqueles que sabem utilizar esses fatores da maneira mais eficiente.

Evitar o surgimento de novos milionários é objetivo confesso das políticas de todos os governos e partidos políticos de hoje em dia. Caso tal política tivesse sido adotada nos Estados Unidos há cinquenta anos, o crescimento das indústrias que produzem artigos novos teria sido inibido. Automóveis, geladeiras, aparelhos de rádio e uma centena de outras inovações menos espetaculares, embora ainda mais úteis, não teriam se tornado o equipamento-padrão na maior parte dos lares das famílias norte-americanas.

O trabalhador assalariado médio acredita que, para manter o aparato social de produção funcionando e para melhorar e aumentar a produção, não se precisa de nada além da rotina de trabalho comparativamente simples que lhe é atribuída. Não percebe que a mera labuta e os problemas da execução de tarefas rotineiras não são suficientes. A diligência e a habilidade são empregadas em vão, caso não sejam orientadas para as metas mais importantes pela previsão do empreendedor, e caso não sejam auxiliadas pelo capital acumulado pelos capitalistas. O trabalhador norte-americano se encontra seriamente equivocado quando acredita que seu alto padrão de vida se deve à própria excelência. Não é mais laborioso nem mais habilidoso que os trabalhadores da Europa ocidental. Deve sua renda superior ao fato de que seu país se agarrou ao "individualismo vigoroso" por muito mais tempo do que a Europa. Teve a sorte dos Estados Unidos terem se voltado para políticas anticapitalistas pelo menos quarenta ou cinquenta anos depois que a Alemanha. Seu salário é maior que o dos trabalhadores do resto do mundo porque o capital *per capita* dos empregados é mais elevado na América e porque os empreendedores norte-americanos não sofreram tantas restrições devido à sujeição ao controle governamental incapacitante, tal como ocorreu com seus colegas em outros lugares. A prosperidade relativamente maior dos Estados Unidos resulta do fato de que o *New Deal* não ocorreu em 1900 ou em 1910, mas somente em 1933.

Se desejamos estudar as razões para o atraso da Europa, seria necessário investigar as diversas leis e regulamentações que impediram, nesse continente, o estabelecimento de algo equivalente às farmácias norte-americanas e que prejudicaram a evolução de cadeias de lojas, de lojas de departamento, de supermercados e de empresas do gênero. Seria importante examinar o esforço do *Reich* alemão para proteger os métodos ineficientes do *Handwerk* (trabalho manual) tradicional perante a competição dos negócios capitalistas. Ainda mais reveladora seria uma análise da *Gewerbepolitik* austríaca, uma política que, desde o início dos anos 1880, tem por objetivo preservar a estrutura econômica das eras precedentes à Revolução Industrial.

A pior ameaça à prosperidade, à civilização e ao bem-estar material dos trabalhadores assalariados é a incapacidade dos líderes sindicais, dos "economistas dos sindicatos" e das camadas menos inteligentes dos próprios trabalhadores para apreciarem o papel que os empreendedores desempenham na produção. Essa falta de perspicácia encontrou sua expressão clássica nos escritos de Vladimir Lenin (1870-1924). Conforme Lenin entendeu, tudo o que a produção requer além do trabalho manual dos trabalhadores e do projeto dos engenheiros é o "controle da produção e da distribuição", uma tarefa que pode ser facilmente realizada "pelos trabalhadores armados". Para isso, a contabilidade e o controle

> (...) foram *simplificados* ao máximo pelo capitalismo, até se tornarem as operações extraordinariamente simples de monitorar, registrar e emitir recibos, que estão ao alcance de qualquer um que possa ler e escrever, e que conheça as primeiras quatro operações da aritmética[1].

Não é necessário fazer nenhum comentário adicional.

---

[1] LENIN, Vladimir I. State and Revolution. New York: Edition by International Publishers, 1917. p. 83-84. Os itálicos são do próprio Lenin (ou do tradutor comunista).

4 - O ARGUMENTO DA IGUALDADE

Aos olhos dos partidos que se apresentam como progressistas e de esquerda, o principal vício do capitalismo é a desigualdade de renda e de riqueza. O objetivo final de sua política é estabelecer a igualdade. Os moderados desejam atingir tal meta paulatinamente; os radicais planejam consegui-la de um só golpe, por meio da derrubada revolucionária do modo capitalista de produção.

Entretanto, ao falar em igualdade e clamar com veemência em prol de sua realização, ninguém defende uma redução da própria renda atual. O termo "igualdade", tal como empregado na linguagem política contemporânea, sempre significa o nivelamento para cima da própria renda, jamais o nivelamento para baixo. Significa obter mais, e não compartilhar a própria afluência com as pessoas que possuem menos.

Se o trabalhador da indústria automobilística norte-americana, o trabalhador ferroviário ou o compositor fala em igualdade, na verdade se refere a expropriar os detentores das ações e dos bônus em benefício próprio. Não pretende compartilhá-los com os trabalhadores menos capacitados e que ganham menos. No máximo, pensa em termos da igualdade de todos os cidadãos norte-americanos. Nunca lhe vem à mente que os povos da América Latina, da Ásia e da África poderiam interpretar o postulado da igualdade como igualdade mundial, e não como igualdade nacional.

O movimento político trabalhista, assim como o movimento sindical, proclama vistosamente o internacionalismo. No entanto, este internacionalismo não passa de mera manobra retórica, sem nenhum significado substancial. Em qualquer país no qual as taxas salariais médias sejam mais elevadas do que em qualquer outra área, os sindicatos defendem barreiras migratórias intransponíveis, para evitar que os "companheiros" e "irmãos" estrangeiros possam competir com os próprios membros. Em comparação com as leis anti-imigração das nações europeias, a legislação migratória dos Estados Unidos é de fato branda, pois permite a imigração de um número limitado de pessoas. Quotas normais dessa espécie não são contempladas pela maior parte das legislações europeias.

Todos os argumentos desenvolvidos em favor da equalização das rendas dentro de um país podem, com as mesmas justificativas, ou falta de justificativas, ser também defendidas em prol da equalização mundial. Um trabalhador norte-americano não está em melhor posição para reivindicar as poupanças dos capitalistas norte-americanos do que qualquer estrangeiro. Que um homem tenha obtido lucros pelo atendimento aos consumidores, e que não tenha consumido totalmente seus fundos, mas reinvestido sua maior parte em equipamentos industriais, não concede a ninguém uma posição válida para expropriar esse capital em benefício próprio. Mas, caso se defenda a opinião contrária, certamente não haverá razão para atribuir a alguém um direito maior para expropriar do que a qualquer outro. Não há razão para afirmar que somente os norte-americanos têm direito de expropriar outros norte-americanos. Os figurões dos negócios norte-americanos são os descendentes de pessoas que imigraram da Inglaterra, da Escócia, da Irlanda, da França, da Alemanha e de outros países europeus para os Estados Unidos. Os povos dos países de origem alegam que têm o mesmo direito que o povo norte-americano de se apoderar da propriedade adquirida por esses homens. Os radicais norte-americanos estão redondamente enganados por acreditarem que seu programa social é idêntico ou ao menos compatível com os objetivos dos radicais de outros países. Não é. Os radicais estrangeiros não consentirão em deixar aos norte-americanos, uma minoria de menos de 7 por cento do total da população mundial, o que consideram ser uma posição privilegiada. Um governo mundial do tipo que os radicais norte-americanos reivindicam tentaria confiscar, por meio de um imposto mundial sobre a renda, todo o excedente que um norte-americano ganha acima da renda média de um trabalhador chinês ou indiano. Aqueles que questionam a justiça dessa afirmação deixarão de ter dúvidas após conversar com qualquer um dos líderes intelectuais da Ásia.

Dificilmente haverá qualquer iraniano que qualificasse as objeções levantadas pelo governo trabalhista britânico ao confisco dos poços de petróleo como algo que não seja mais que uma manifestação do espírito mais reacionário da exploração capitalista. Atualmente, os governos se abstêm de expropriar na prática – por meio do controle cambial, da tributação discriminatória e de dispositivos similares – os investimentos estrangeiros somente caso esperem receber, nos anos subsequentes, mais capital estrangeiro, o que os tornaria capazes de, no futuro, expropriar uma quantidade maior.

A desintegração do mercado internacional de capitais é um dos efeitos mais importantes da mentalidade contrária aos lucros de nossa era. Porém não menos desastroso é o fato de que a maior parte da população mundial olha para os Estados Unidos — não somente para os capitalistas norte-americanos, mas também para os trabalhadores norte-americanos — com os mesmos sentimentos de inveja, de ódio e de hostilidade que as massas de todos os lugares demonstram para com os capitalistas das próprias nações, estimulados pela doutrina socialista e comunista.

5 - COMUNISMO E POBREZA

Um método habitual para lidar com os movimentos e com os programas políticos consiste em explicar e justificar sua popularidade referindo-se às condições que as pessoas consideram insatisfatórias e aos objetivos que desejam alcançar mediante a concretização desses programas.

Entretanto, a única coisa que importa é se o programa em questão é adequado ou não para atingir os fins pretendidos. Um mau programa e uma má política nunca podem ser explicados nem, muito menos, justificados apontando as condições insatisfatórias de seus autores e apoiadores. O único que conta é se tais políticas podem ou não remover ou aliviar os males que deveriam remediar.

Ainda assim, quase todos os nossos contemporâneos declaram uma e outra vez: caso se deseje ter sucesso na luta contra o comunismo, o socialismo e o intervencionismo, deve-se, antes de mais nada, melhorar as condições materiais das pessoas. A política do *laissez-faire* almeja precisamente tornar as pessoas mais prósperas. No entanto, não pode ser bem-sucedida enquanto a carência é aumentada, mais e mais, por medidas socialistas e intervencionistas.

No curtíssimo prazo, as condições de uma parte das pessoas podem ser melhoradas mediante a expropriação dos empreendedores e dos capitalistas, e mediante a distribuição da pilhagem. Mas tais incursões predatórias, que até o *Manifesto do Partido Comunista*[2] descreveu como "despóticas", e como "economicamente insuficientes e indefensáveis", sabotam a operação da economia de mercado, prejudicam muito rapidamente as condições de todas as pessoas e frustram os esforços dos empreendedores e dos capitalistas para tornar as massas mais prósperas. O que é bom durante um instante que se esvai rapidamente (isto é, no curto prazo) pode, posteriormente (isto é, no longo prazo), resultar em consequências mais prejudiciais.

Os historiadores se enganam ao explicarem a ascensão do nazismo referindo-se a adversidades reais ou imaginárias e às dificuldades enfrentadas pelo povo alemão. O que fez com que os alemães apoiassem de forma quase unânime os vinte e cinco pontos do programa "inalterável" de Adolf Hitler (1889-1945) não foi nenhum conjunto de condições que consideravam insatisfatórias, mas sim a expectativa de que a execução desse programa removeria as reclamações e os tornaria mais felizes. Voltaram-se para o nazismo por carecerem de senso comum e de inteligência. Não foram criteriosos o

---

[2] Dentre as inúmeras edições brasileiras, citamos a seguinte: MARX, Karl & ENGELS, Friedrich. *Manifesto do Partido Comunista*. Org. e intr. Marco Aurélio Nogueira, Trad. Marco Aurélio Nogueira e Leandro Konder. Petrópolis, Vozes, 15ª ed., 2010. (N. E.)

suficiente para reconhecer a tempo os desastres que o nazismo lhes impingiria.

A imensa maioria da população mundial é extremamente pobre em comparação com o padrão de vida médio das nações capitalistas. Mas essa pobreza não explica a propensão para adotar o programa comunista. São anticapitalistas porque estão cegos pela inveja e pela ignorância, e porque são demasiado obtusos para apreciar corretamente as causas de seus infortúnios. Não há mais que uma maneira de melhorar as condições materiais: a saber, convencê-los de que somente o capitalismo pode torná-los mais prósperos.

A pior maneira de lutar contra o comunismo é a do Plano Marshall. Dá aos recebedores a impressão de que somente os Estados Unidos estão interessados na preservação do sistema de lucros enquanto suas próprias preocupações necessitam um regime comunista. Os Estados Unidos, segundo acreditam, estão a ajudá-los porque sua população tem a consciência pesada. Embolsam esse suborno, porém suas simpatias se dirigem para o sistema socialista. Os subsídios norte-americanos possibilitam que seus governos escondam parcialmente os efeitos desastrosos das diversas medidas socialistas que adotaram.

A origem do socialismo não está na pobreza, mas em preconceitos ideológicos espúrios. A maior parte de nossos contemporâneos rejeita de antemão, sem tê-los sequer estudado, todos os ensinamentos da economia como insensatez apriorística. Defende que só se pode confiar na experiência. Entretanto, há alguma experiência que possa falar em favor do socialismo?

O socialista retruca: mas o capitalismo cria pobreza; olhe para a Índia e para a China. Trata-se de uma objeção vã. Nem a Índia nem a China jamais estabeleceram um regime capitalista. Sua pobreza é resultado da ausência de capitalismo.

O que ocorreu nesses e em outros países subdesenvolvidos foi que foram beneficiados, desde o exterior, por alguns dos frutos do capitalismo, sem terem adotado um modo capitalista de produção. Os capitalistas europeus e, em anos mais recentes, também os norte-americanos, investiram capital nessas áreas e, dessa maneira, aumentaram tanto a produtividade marginal do trabalho, quanto os níveis salariais. Ao mesmo tempo, esses povos receberam, do exterior, meios para combater doenças contagiosas e medicamentos desenvolvidos nos países capitalistas. Consequentemente, as taxas de mortalidade, especialmente da mortalidade infantil, caíram consideravelmente. Nos países capitalistas, esse prolongamento da duração média da vida foi parcialmente compensado por uma queda na taxa de natalidade. Como a acumulação de capital aumentou mais rapidamente do que a população, a quota *per capita* do capital investido cresceu continuamente. O resultado foi a progressão da prosperidade. Aconteceu de modo diferente nos países que desfrutaram de alguns dos efeitos do capitalismo sem se voltarem para o capitalismo. Nesses lugares, as taxas de natalidade não declinaram de todo, ou ao menos não na medida necessária para fazer com que a quota *per capita* de capital investido aumentasse. Por meio de políticas, essas nações impedem tanto a importação de capital externo, quanto a acumulação de capital doméstico. O efeito conjunto da alta taxa de natalidade e da ausência de um aumento no capital é, obviamente, o aumento da pobreza.

Não há senão uma maneira de melhorar o bem-estar material dos homens, isto é, acelerar o aumento do capital acumulado com respeito à população. Nenhuma lucubração psicológica, por mais sofisticada que seja, pode alterar esse fato. Não há nenhuma desculpa para a busca de políticas que não somente fracassam em atingir os fins almejados, mas que inclusive prejudicam seriamente as condições.

6 - A CONDENAÇÃO MORAL DA MOTIVAÇÃO DOS LUCROS

Assim que o problema dos lucros é levantado, as pessoas se transferem da esfera praxiológica para a esfera dos juízos éticos de valor. Então, todos se jactam com a auréola de santo ou de asceta. Eles mesmos não se importam com o dinheiro e com o bem-estar material. Servem aos companheiros dando o melhor de si e desinteressadamente. Buscam coisas mais nobres e elevadas do que a riqueza. Graças a Deus, não se incluem entre os especuladores egoístas.

Os homens de negócios são acusados porque a única coisa que têm em mente é obter sucesso. Ainda assim, todos – sem exceção –, quando agem, têm por objetivo alcançar um fim definido. A única alternativa ao sucesso é o fracasso; ninguém deseja fracassar. É da própria essência da natureza humana que o homem deseje, conscientemente, substituir um estado de coisas menos satisfatório por outro que seja mais satisfatório. O que distingue o homem decente do trapaceiro são os objetivos diferentes que almejam e os meios distintos aos quais recorrem para atingir os fins escolhidos. No entanto, ambos desejam ter sucesso nesse sentido. É logicamente inadmissível distinguir entre as pessoas que têm por objetivo o sucesso e as que não têm.

Praticamente todos desejam melhorar as condições materiais da existência. A opinião pública não se ofende com os esforços dos agricultores, dos trabalhadores, dos escriturários, dos professores, dos médicos, dos ministros e de pessoas de muitas outras vocações, que lutam para ganhar o máximo que puderem. Entretanto, censura os capitalistas e os empreendedores pela ambição. Enquanto desfruta sem nenhum escrúpulo de todos os bens que os negócios proporcionam, o consumidor condena fortemente o egoísmo dos provedores de tais bens. Não percebe que cria tais lucros ao disputar as coisas que eles têm para vender.

O homem médio tampouco compreende que os lucros são indispensáveis para direcionar as atividades de negócios para os canais nos quais será mais bem atendido. Olha para os lucros como se sua única função fosse possibilitar que os recebedores possam consumir mais do que consome. Fracassa em perceber que a principal função dos lucros é transmitir o controle dos fatores de produção para as mãos daqueles que os utilizam melhor para os próprios propósitos. Não renunciou, como acredita, a se transformar em empreendedor devido a escrúpulos morais. Escolheu uma posição que proporciona um rendimento mais modesto porque carece das habilidades exigidas para o empreendedorismo ou, em casos que são de fato raros, porque suas inclinações o levaram a entrar em alguma outra carreira.

A humanidade deveria ser grata aos homens excepcionais que, devido ao zelo científico, ao entusiasmo humanitário ou à fé religiosa, sacrificaram a vida, a saúde e a riqueza no serviço aos companheiros. Mas as pessoas incultas praticam um autoengano quando se comparam com os pioneiros das aplicações médicas dos raios X ou com as freiras que ajudaram as pessoas afligidas pela peste. Não é o autoengano que faz com que o médico mediano escolha uma carreira médica, mas sim a expectativa de alcançar uma posição social respeitada e uma renda adequada.

Todos estão ansiosos para cobrar, por serviços e realizações, tanto quanto o comércio possa suportar. A esse respeito, não há diferença entre os trabalhadores, sejam ou não sindicalizados, os ministros e os professores, por um lado, e os empreendedores, por outro lado. Nenhum deles tem direito de falar como se fosse São Francisco de Assis (1182-1226).

Não há outro padrão acerca do que é moralmente bom ou moralmente mau além dos efeitos produzidos pela conduta quanto à cooperação social. Um indivíduo – hipotético – isolado e autossuficiente não deveria, ao agir, levar em consideração nada além do próprio bem-estar. O homem social deve, em todas as ações, evitar se entregar a qualquer conduta que possa comprometer o bom funcionamento do sistema de cooperação social. Em conformidade com a lei moral, o homem não sacrifica as próprias preocupações às de uma entidade mítica mais elevada, chame-se classe, Estado, nação, raça ou humanidade. Inibe alguns dos próprios impulsos instintivos, apetites e ganância, isto é, as preocupações de curto prazo, para servir melhor aos próprios interesses – tais como entendidos corretamente ou em longo prazo. Renuncia a um pequeno ganho que poderia obter imediatamente para não perder uma satisfação maior posteriormente. Pois a realização de todos os objetivos humanos, quaisquer que sejam, está condicionada pela preservação e pelo maior desenvolvimento dos laços sociais e da cooperação entre os seres humanos. Aquilo que é um meio indispensável para intensificar a cooperação social e para tornar possível a mais pessoas sobreviver e desfrutar de um padrão de vida mais elevado é moralmente bom e socialmente desejável. Aqueles que rejeitam este princípio como sendo contrário ao Cristianismo deveriam meditar sobre o texto: *"para que se prolonguem teus dias na terra que Iahweh teu Deus, te dá"* (*Êxodo* 20, 12)[3]. Certamente, não podem negar que o capitalismo prolongou mais os dias dos homens em comparação com as eras pré-capitalistas.

Não há nenhuma razão por que os capitalistas e empreendedores devam envergonhar-se pela obtenção de lucros. É uma tolice que algumas pessoas tentem defender o capitalismo norte-americano declarando: "Os demonstrativos dos negócios norte-americanos são bons; os lucros não são muito altos". A função dos empreendedores é obter lucros; lucros altos são a prova de que realizaram bem a tarefa de remover os desajustes da produção.

---

[3] Utilizamos aqui a versão do texto apresentada na seguinte edição: *Bíblia de Jerusalém*. Tradução do texto em língua portuguesa diretamente dos originais. São Paulo: Sociedade Bíblica Católica Internacional / Paulus, 1995. (N. E.)

Obviamente, via de regra, capitalistas e empreendedores não são santos que primam pela abnegação. Seus críticos, todavia, também não são santos. E, com o devido respeito à autoanulação sublime dos santos, não podemos deixar de enunciar o fato de que o mundo estaria em uma condição bastante desolada caso fosse povoado exclusivamente por homens desinteressados pela busca do bem-estar material.

7 - A MENTALIDADE ESTÁTICA

O homem mediano carece de imaginação para perceber que as condições da vida e da ação estão em fluxo contínuo. Tal como vê, não há mudança nos objetos externos que constituem seu bem-estar. Sua visão de mundo é estática e estacionária. Espelha um ambiente estagnado. Não sabe nem que o passado era diferente do presente, nem que a incerteza a respeito das coisas futuras prevalece. Encontra-se totalmente perdido para conceber a função do empreendedorismo, pois não possui consciência dessa incerteza. Como as crianças que recebem, sem questionar, todas as coisas que os pais lhes dão, recebe todos os bens que os negócios lhe oferecem. É inconsciente a respeito dos esforços que o abastecem com tudo aquilo de que precisa. Ignora o papel da acumulação de capital e das decisões empreendedoras. Simplesmente toma como certo que uma mesa mágica aparece, em um piscar de olhos, carregada com tudo o que deseja desfrutar.

Essa mentalidade se reflete na ideia popular da socialização. Assim que os capitalistas e empreendedores parasitas forem expulsos, obterá tudo o que costumava consumir. Não passa de um equívoco menor o fato de que superestima grotescamente o incremento na renda – se houver algum – que cada indivíduo poderia receber a partir de uma tal distribuição. Muito mais sério é o fato de pressupor que a única coisa necessária é dar continuidade, nas diversas plantas, à produção daqueles bens que estão produzindo no momento da socialização, da maneira como até então eram produzidos. Não leva em conta a necessidade de ajustar a produção diariamente, de acordo com condições que se encontram em perpétua mudança. O socialista diletante não compreende que uma socialização levada a cabo há cinquenta anos não teria socializado a estrutura dos negócios tal como existe hoje, mas sim teria uma estrutura muito diferente. Não se preocupa com o esforço enorme que se faz necessário para transformar o negócio continuamente, de modo a conseguir prestar o melhor serviço possível.

Esta incapacidade diletante para compreender as características essenciais da condução dos assuntos da produção se manifesta não somente nos escritos de Karl Marx e Friedrich Engels (1820-1895). Permeia, da mesma maneira, as contribuições da pseudoeconomia contemporânea.

A construção imaginária de uma economia uniformemente circular é uma ferramenta mental indispensável do pensamento econômico. Para conceber a função dos lucros e das perdas, o economista constrói a imagem de um estado de coisas hipotético, conquanto irrealizável, no qual nada se altera, no qual o amanhã não é diferente do hoje em absoluto e no qual, consequentemente, não podem surgir desajustes e, portanto, não emerge nenhuma necessidade de efetuar alterações na condução dos negócios. Na estrutura dessa construção imaginária, não há empreendedores, nem lucros ou perdas empreendedoras. As rodas giram espontaneamente, por assim dizer. Mas o mundo real, em que os homens vivem e têm de trabalhar, nunca pode reproduzir o mundo hipotético desse expediente mental.

Agora, uma das principais deficiências dos economistas matemáticos é o fato de que lidam com essa economia uniformemente circular – que chamam de estado estático – como se fosse algo realmente existente. Imbuídos da falácia de que a economia precisa ser tratada por meio de métodos matemáticos, concentram os esforços na análise dos estados estáticos, os quais, obviamente, possibilitam descrições em termos de sistemas de equações diferenciais. Entretanto, esse tratamento matemático praticamente evita qualquer referência aos problemas reais da economia. Cede a um jogo matemático totalmente inútil, sem nada acrescentar à compreensão dos problemas da ação e da produção humana. Cria o equívoco de que a análise de estados estáticos seria a principal preocupação da economia. Confunde uma ferramenta meramente acessória do pensamento com a realidade.

O economista matemático está tão cego pelo preconceito epistemológico que simplesmente fracassa em perceber quais são as tarefas da economia. Está ansioso para mostrar que o socialismo é factível em condições estáticas. Como as condições estáticas, como ele mesmo admite, são irrealizáveis, isso equivale, meramente, à afirmação de que, em um estado de mundo irrealizável, o socialismo seria realizável. Trata-se de um resultado muito valioso, de fato, decorrente de uma centena de anos de trabalho conjunto por parte de centenas de autores, ensinado em todas as universidades e divulgado em incontáveis livros-texto e monografias, bem como em grande número de revistas supostamente científicas!

Uma economia estática não existe. Todas as conclusões derivadas da preocupação com uma imagem de estados estáticos e de equilíbrios estáticos de nada servem para a descrição do mundo tal como ele é e como sempre será.

CAPÍTULO 3

Uma ordem social baseada no controle privado dos meios de produção não pode funcionar sem a ação empreendedora, sem os lucros dos empreendedores e, obviamente, sem as perdas. A eliminação dos lucros, por quaisquer que sejam os métodos para realizar tal propósito, resultaria na transformação da sociedade em um amontoado sem sentido. Criaria a pobreza para todos.

Em um sistema socialista, não há empreendedores e nem lucros e perdas. O diretor supremo da comunidade socialista teria, entretanto, de se esforçar, tal como os empreendedores fazem sob o capitalismo, para obter um excedente de proventos que supere os custos. O objetivo deste ensaio não é lidar com o socialismo. Logo, não é necessário enfatizar o ponto que, não sendo capaz de aplicar nenhum tipo de cálculo

A Alternativa

econômico, o chefe socialista nunca saberia quais são os custos e quais são os proventos de suas operações.

O que importa, nesse contexto, é apenas o fato de que não há um terceiro sistema que seja factível. Não pode existir um sistema não socialista sem os lucros e as perdas dos empreendedores. Os esforços para eliminar os lucros do sistema capitalista são meramente destrutivos. Desintegram o capitalismo sem colocar nada em seu lugar. Eis o que temos em mente quando sustentamos que tais esforços resultam em caos.

Os homens precisam escolher entre o capitalismo e o socialismo. Não podem evitar o dilema recorrendo a um sistema capitalista sem lucro empreendedor. Cada passo dado em direção à eliminação dos lucros é um avanço pelo caminho que conduz à desintegração social.

Ao escolherem entre o capitalismo e o socialismo, as pessoas também escolhem implicitamente entre todas as instituições sociais que vêm como acompanhamento necessário de cada um desses sistemas – ou a "superestrutura", como disse Karl Marx. Se o controle da produção for transferido das mãos dos empreendedores, eleitos novamente a cada dia por uma votação dos consumidores, para as mãos do comandante supremo dos "exércitos industriais" (Marx e Engels) ou para os "trabalhadores armados" (Lenin), nenhum governo representativo poderá sobreviver, bem como nenhuma liberdade civil. Wall Street, contra a qual os autodenominados idealistas lutam, é apenas um símbolo. Entretanto, os muros das prisões soviéticas, nas quais os dissidentes desaparecem para sempre, são um fato concreto.

ENSAIO ANEXO À EDIÇÃO BRASILEIRA

I

A doutrina da Lei Natural que inspirou as declarações dos direitos do homem no século XVIII não implicou na proposição obviamente falaciosa de que todos os homens são biologicamente iguais. Proclamou que todos os homens nascem iguais em direitos e que essa igualdade não pode ser abolida por qualquer lei criada pelo homem. Proclamou, ademais, que essa igualdade é inalienável ou, mais precisamente, imprescritível. Somente os vilões perversos que antagonizam a liberdade individual e a autodeterminação, os paladinos do totalitarismo, interpretavam o princípio da igualdade perante a lei como algo derivado de uma suposta igualdade psicológica e fisiológica de todos os homens. A Declaração dos Direitos do Homem e do Cidadão, promulgada pela Revolução Francesa de 3 de novembro de 1789,

Sobre a Igualdade e a Desigualdade

Ludwig von Mises

determinou que todos os homens nascem iguais e permanecem iguais em direitos. Entretanto, às vésperas da inauguração do regime do Terror, a nova declaração que antecedeu a Constituição Francesa promulgada em 24 de junho de 1793 proclamava que todos os homens são iguais *"par la nature"* (pela natureza). Desde então, a tese, a despeito de contradizer a evidência biológica, permanece como um dos dogmas do "esquerdismo". Assim, lemos na *Encyclopaedia of the Social Sciences* [*Enciclopédia das Ciências Sociais*] que, *"no momento do nascimento, as crianças humanas, a despeito de sua origem, são tão iguais quanto Fords"*[1].

Entretanto, o fato de os homens nascerem desiguais com relação às capacidades físicas e mentais não pode ser negado. Alguns ultrapassam os companheiros em saúde e vigor, em inteligência e aptidões, em energia e resolução e, portanto, são mais bem adaptados para realizar

---

[1] KALLEN, Horace. "Behaviorism". In: *Encyclopaedia of Social Sciences*. New York: Macmillan, 1930. Vol. 2, p. 498.

os afazeres mundanos do que o restante da humanidade – trata-se de um fato que foi admitido, inclusive, por Karl Marx (1818-1883). Ele chamou *"a desigualdade das dotações individuais e, consequentemente, da capacidade produtiva (*Leistungsfähigkeit*)"* de *"privilégios naturais"* e falou dos *"indivíduos desiguais (que não seriam indivíduos diferentes caso não fossem desiguais)"*². Em termos dos ensinamentos da psicologia popular, podemos dizer que alguns têm a habilidade de se adaptar³ melhor do que outros às condições da luta pela sobrevivência. Podemos, portanto, sem favorecer qualquer juízo de valor – distinguir, a partir dessa perspectiva, entre os homens superiores e inferiores.

Esse era, basicamente, o estado de coisas em todas as partes do mundo antes que, como marxistas e conservadores nos dizem, "a ganância da burguesia", em um processo que durou séculos e que ainda está em andamento em diversas partes do mundo, tenha minado o sistema político, econômico e social daqueles "bons e velhos tempos". A economia de mercado – o capitalismo – transformou radicalmente a organização econômica e política da humanidade.

Permitam-me recapitular alguns fatos bem conhecidos. Enquanto sob as condições pré-capitalistas os homens superiores eram os mestres que deveriam ser servidos pelos inferiores, sob o capitalismo os mais dotados e capazes não

---

² MARX, Karl. *Critique of the Social Democratic Program of Gotha*. New York: International Publishers, 1938. Em particular, ver Carta a Wilhelm Bracke (1842-1880), de 5 de maio de 1875.

³ No texto em inglês, "to adjust", que pode ser traduzido por "ajustar". Entretanto, optei por "adaptar", de maneira a refletir a ideia de evolução adaptativa. (N. T.)

dispõem de meios para se beneficiar de sua superioridade a não ser atendendo, da melhor maneira possível, aos desejos da maioria dos menos dotados. Na economia de mercado, o poder é investido nos consumidores. Em última análise, são eles que determinam, comprando ou se abstendo de comprar, o que deveria ser produzido, por quem e como, de que qualidade e em qual quantidade. Os empreendedores, capitalistas e proprietários de terras que fracassam em satisfazer, da maneira melhor e mais barata possível, as necessidades e desejos mais urgentes (e ainda não satisfeitos) dos consumidores, são forçados a sair do negócio e perdem as posições desejadas. Nas firmas de negócios e nos laboratórios, as mentes mais aguçadas se encontram ocupadas desenvolvendo frutos, a partir das conquistas mais complexas das pesquisas científicas, para a produção de utensílios e dispositivos cada vez melhores para as pessoas que não têm a mínima noção das teorias que possibilitam a fabricação dessas coisas. Quanto maior for uma empresa, mais se verá forçada a ajustar a produção à volubilidade dos caprichos e impulsos das massas, que constituem seus mestres. O princípio fundamental do capitalismo é produção em massa para fornecer às massas. É o patrocínio das massas que faz com que as empresas cresçam. Na economia de mercado, o homem comum é o soberano; é o cliente que "sempre tem razão".

Na esfera política, o governo representativo é o corolário da supremacia dos consumidores no mercado. Os detentores de cargos políticos dependem dos eleitores assim como os empreendedores e investidores dependem dos consumidores. O mesmo processo histórico que substituiu os modos pré-capitalistas pelos modos capitalistas de produção também colocou o governo popular – a democracia – no lugar do absolutismo monárquico e de outras formas de governo exercido pelas mãos de uns poucos. Onde quer que a economia de mercado seja suplantada pelo socialismo, a autocracia acaba por retornar. Não importa se o despotismo socialista ou comunista se encontra camuflado por trás de termos tais como "ditadura do proletariado", "democracia do povo" ou "princípio do *Führer*". Sempre levará à sujeição de muitos ao poder de uns poucos.

É quase impossível descaracterizar mais o estado de coisas que prevalece em uma sociedade capitalista do que chamando os capitalistas e empreendeedores de classe "dominante" que tenta "explorar" as massas de pessoas decentes. Não levantaremos a questão acerca de como os homens que estão nos negócios, sob o capitalismo, tentariam obter vantagens com seus talentos superiores em qualquer outra organização produtiva imaginável. Sob o capitalismo, competem uns com os outros na tentativa de atender às massas de pessoas menos dotadas. Todos os seus pensamentos se voltam para o aperfeiçoamento dos métodos para satisfazer aos consumidores. A cada ano, a cada mês e a cada semana, alguma coisa a respeito da qual nunca se ouviu falar anteriormente aparece no mercado e, de imediato, torna-se amplamente acessível.

O que proporcionou o aumento da "produtividade do trabalho" não é algum grau de esforço por parte dos trabalhadores manuais, mas sim a acumulação de capital por parte dos poupadores e seu emprego razoável por parte dos empreendedores. As invenções tecnológicas teriam permanecido como bagatelas inúteis caso o capital necessário para sua utilização não tivesse sido acumulado anteriormente, mediante a parcimônia. O homem não pode sobreviver como ser humano sem trabalho manual. Entretanto, o que o eleva acima dos outros animais não é o trabalho manual e a realização de trabalhos rotineiros, mas sim a especulação, a capacidade de antever, que oferece soluções para as necessidades do – sempre incerto – futuro. A marca característica da produção é que se trata de comportamento dirigido pela mente. Este fato não pode ser exorcizado por uma semântica para qual a palavra "trabalho" significa apenas trabalho manual.

II

Concordar com uma filosofia que enfatiza a desigualdade inata dos homens é uma atitude que contraria os sentimentos de muitas pessoas. De maneira mais ou menos relutante, as pessoas admitem que não se igualam às celebridades da arte, da literatura e da ciência, ao menos em suas especialidades, e que não são páreo para os atletas campeões. Entretanto, não se encontram preparadas para assumir a própria inferioridade em outras questões e assuntos humanos. Da maneira como veem, aqueles que os deixaram para trás no mercado, os empreendedores e homens de negócios bem-sucedidos, devem sua ascensão exclusivamente à infâmia. No entanto, são, graças ao bom Deus, muito honestos e conscientes para recorrer a esses métodos de conduta desonestos que, conforme dizem, são os únicos que fazem com que alguém prospere em um ambiente capitalista.

Ainda assim, há um ramo da literatura – que aumenta a cada dia – que descreve descaradamente o homem comum como pertencendo a um tipo inferior: os livros sobre o comportamento dos consumidores e os supostos males da propaganda[4]. Obviamente, nem os autores, nem o público que aclama seus escritos declaram abertamente ou acreditam que esse é o verdadeiro significado dos fatos que relatam.

Da maneira como tais livros nos contam, o norte-americano típico não possui a constituição adequada para realizar as tarefas mais simples da vida cotidiana de um chefe de família. Ele ou ela não compra o que é necessário para a condução adequada das necessidades familiares. Em sua estupidez intrínseca, é facilmente induzidos pelos truques e ardis dos negócios e é levados a comprar coisas inúteis ou totalmente sem importância. Afinal de contas, o propósito principal dos negócios é obter lucros, não por prover aos clientes os bens de que realmente precisam, mas sim induzindo-os a adqirir mercadorias que jamais comprariam caso pudessem resistir às artimanhas psicológicas da "Avenida Madison". A incurável fraqueza inata da vontade e intelecto do homem comum faz com que os compradores se

---

[4] Ver, por exemplo: GALBRAITH, John K. *The Affluent Society*. Boston: Houghten Mifflin, 1958. [Em língua portuguesa a obra foi lançada como: GALBRAITH, John K. *A Sociedade Afluente*. Trad. Carlos Afonso Malferrari. São Paulo: Pioneira, 1987. (N. E.)].

comportem como "bebês"⁵. São presas fáceis para a desonestidade dos mercenários.

Nem os autores, nem os leitores dessas diatribes apaixonadas estão cientes de que sua doutrina pressupõe que a maior parte dos habitantes da nação são estúpidos, incapazes de dar conta dos próprios assuntos e desesperadamente necessitados de um guardião paternalista. Estão de tal maneira preocupados com a inveja e ódio dos homens de negócios bem-sucedidos que não conseguem perceber como sua descrição do comportamento dos consumidores contradiz tudo o que a literatura socialista "clássica" costumava dizer a respeito da eminência dos proletários. Aqueles antigos socialistas atribuíam ao "povo", às massas "que dão duro" e aos "operários manuais" todas as perfeições do intelecto e do caráter. A seus olhos, as pessoas não seriam "bebês", mas sim a origem de tudo o que há de bom e grandioso no mundo, os construtores de um futuro melhor para a humanidade.

É decerto verdadeiro que o homem comum mediano, em diversos aspectos, é inferior ao homem de negócios médio. Esta inferioridade, contudo, manifesta-se, antes de mais nada, na capacidade limitada para pensar, trabalhar e, assim, contribuir mais para o esforço produtivo conjunto da humanidade. A maioria das pessoas que desempenham satisfatoriamente trabalhos rotineiros enfrentariam dificuldades com qualquer atividade que demande um mínimo de iniciativa e reflexão. No entanto, não são tão ineptos assim na

---

⁵ PACKARD, Vance. "Babes in Consumerland". In: *The Hidden Persuaders*. New York: Cardinal Editions, 1957. p. 90-97.

administração adequada de seus assuntos familiares. Os maridos que são enviados pelas esposas ao supermercado *"para comprar pão e voltam carregados com seus salgadinhos e guloseimas prediletas"*[6] certamente não constituem o caso típico. O mesmo vale para a dona de casa que compra independentemente do conteúdo, apenas porque *"gostou da embalagem"*[7].

Costuma-se admitir que o homem mediano apresenta mau gosto. Consequentemente, os negócios, totalmente dependentes do patrocínio dessas massas, veem-se forçados a encher o mercado com arte e literatura de qualidade inferior. (Um dos maiores problemas da civilização capitalista é como possibilitar realizações de alta qualidade em um ambiente social no qual a "pessoa mediana" ocupa uma posição suprema). Também sabemos muito bem que muitas pessoas se entregam a hábitos que resultam em efeitos indesejados. Do modo como entendem os instigadores das grandes campanhas anticapitalistas, o mau gosto e os maus hábitos de consumo, assim como os outros males de nossa época, são simplesmente gerados pelas relações públicas ou pelas atividades de *marketing* dos vários ramos do "capital" – guerras são feitas pelos fabricantes de armamentos, os "mercadores da morte"; já a dipsomania, pelo capital do álcool, que se expressa no fabuloso "cartel do whiskey" e nas cervejarias.

Essa filosofia não se baseia somente na doutrina que caracteriza as pessoas comuns como parvos ingênuos que podem ser facilmente enganados pelos estratagemas de uma

---

[6] Idem. *Ibidem*, p. 95.
[7] Idem. *Ibidem*, p. 93.

hoste de comerciantes habilidosos. Também sugere que devemos aceitar o teorema, sem sentido, segundo o qual a venda dos itens que o consumidor realmente precisa – e que compraria caso não fosse hipnotizado pelos artifícios dos vendedores – não aufere lucros para os negócios e que, por outro lado, somente a venda de artigos que são de pouca ou nenhuma utilidade para os compradores, ou mesmo que lhes são totalmente prejudiciais, proporcionam grandes lucros. Afinal de contas, sem adotar esse pressuposto, não haveria razão para concluir que, na concorrência do mercado, os vendedores das piores mercadorias se sairiam melhor do que aqueles que vendem os bons produtos. Os mesmos truques sofisticados por intermédio dos quais dizemos que os comerciantes astutos convencem o público comprador, também podem ser empregados por aqueles que ofertam mercadorias boas e valiosas. O que verdadeiramente acontece é que os bons e os maus produtos competem sob condições iguais e não há razão para fazermos um juízo pessimista acerca das chances das mercadorias com melhores qualidades. Embora ambos os tipos de artigos – os bons e os ruins – sejam igualmente alavancados pelas supostas artimanhas dos vendedores, somente os melhores desfrutam da vantagem de serem melhores.

Não precisamos considerar todos os problemas levantados pela ampla literatura que trata da suposta estupidez dos consumidores e da necessidade de sua proteção por um governo paternalista. O que importa, aqui, é o fato de que, a despeito do dogma popular da igualdade de todos os homens, a tese de que o homem comum é inepto para lidar com os afazeres corriqueiros da vida cotidiana é apoiada por grande parte da literatura "esquerdista" popular.

III

A doutrina da igualdade fisiológica e mental inata dos homens logicamente explica as diferenças entre os seres humanos como resultantes de influências que se fazem sentir após o nascimento. Enfatiza, especialmente, o papel desempenhado pela educação. Na sociedade capitalista, conforme dizem, a educação de melhor qualidade é um privilégio acessível somente às crianças da "burguesia". O que se requer é garantir, para todas as crianças, o acesso a todas as escolas, para dessa forma educar a todos.

Seguindo essa orientação, os Estados Unidos deram início ao nobre experimento de fazer de cada menino e menina uma pessoa instruída. Todos os jovens deveriam ficar na escola dos seis aos dezoito anos, e a maior quantidade possível deveria ingressar na faculdade. Assim, a divisão intelectual e social entre a minoria educada e a maioria que é dotada de educação insuficiente desapareceria. A educação não seria mais um privilégio; seria um direito de cada cidadão.

As estatísticas mostram que esse programa foi posto em prática. O número de escolas de ensino médio, de professores e de estudantes se multiplicou. Se a tendência atual prosseguir por mais alguns anos, o objetivo dessa reforma será atingido plenamente; todo norte-americano se formará no ensino médio.

Entretanto, o sucesso desse plano é apenas aparente. Tornou-se possível somente por meio de uma política que, embora retivesse o nome "ensino médio", destruiu por completo seu valor escolar e científico. O ensino secundário anterior conferia diplomas somente aos estudantes que tivessem adquirido ao menos um conhecimento mínimo definido no conteúdo de algumas disciplinas consideradas básicas. Eliminava, nas séries mais baixas, aqueles que careciam das capacidades e da disposição para cumprir com tais requisitos. No novo regime do ensino médio, contudo, a oportunidade de escolher os assuntos que desejava estudar passou a ser utilizada de maneira errada pelos alunos estúpidos ou preguiçosos. A maioria dos estudantes do ensino médio não somente evita matérias fundamentais como Aritmética básica, Geometria, Física, História e línguas estrangeiras, mas também, a cada ano, meninos e meninas deficientes nas competências linguísticas elementares recebem diplomas de ensino médio. É um fato muito característico que algumas universidades considerem necessário oferecer matérias especiais para melhorar as habildades de leitura dos estudantes. Os debates, muitas vezes apaixonados, a respeito das grades curriculares do ensino médio, que têm perdurado por muitos anos, demonstram claramente que somente um número limitado de adolescentes são intelectual e moralmente aptos a se beneficiarem da frequência à escola. Para o resto da população escolar, os anos que passam nas salas de aula são simplesmente desperdiçados. Se diminuirmos os padrões de ensino das escolas e faculdades para tornar possível que a maioria dos jovens menos capazes e menos laboriosos possam obter diplomas, meramente prejudicamos a minoria daqueles que têm a capacidade de utilizar os ensinamentos que recebem.

A experiência das últimas décadas na educação norte-americana expressa o fato de que há diferenças inatas nas capacidades intelectuais – diferenças que não podem ser simplesmente erradicadas por meio de esforços educacionais.

IV

As tentativas desesperadas – porém inúteis – de salvar, a despeito das provas irrefutáveis em contrário, a tese da igualdade inata de todos os homens são motivadas por uma doutrina equivocada e insustentável que diz respeito ao governo popular e ao domínio da maioria.

Essa doutrina tenta justificar o governo popular com base na suposta igualdade natural de todos os homens. Dado que todos os homens são iguais, cada indivíduo participa da genialidade que iluminou e inspirou os maiores heróis da história intelectual, artística e política da humanidade. Somente as influências adversas após o nascimento evitam que os proletários possam igualar o brilho e as proezas dos homens grandiosos. Assim, conforme nos disse Leon Trotski (1879-1940), uma vez que esse sistema abominável do capitalismo der lugar ao socialismo, *"o ser humano médio será elevado às alturas de um Aristóteles, um Goethe ou um Marx"*[8]. A voz do

---

[8] TROTSKY, Leon. *Literature and Revolution*. Trans. R. Strunsky. London: George Allen and Unwin, 1925. p. 256.

povo é a voz de Deus, está sempre correta. Se a discordância surgir entre os homens, devemos, obviamente, pressupor que alguns deles estão errados. É difícil evitar inferir que é mais provável que o erro seja da minoria, e não da maioria. A maioria está certa, pois se trata da maioria e, como tal, representa a "onda do futuro".

Os apoiadores dessa doutrina precisam considerar qualquer dúvida a respeito da eminência intelectual e moral das massas como uma tentativa de substituir o governo representativo pelo despotismo.

Entretanto, os argumentos desenvolvidos em prol do governo representativo pelos liberais do século XIX – os vilipendiados "homens de Manchester" e os defensores do *laissez-faire* – não têm nada em comum com as doutrinas da igualdade natural inata dos homens e da inspiração sobre-humana das maiorias. Baseiam-se no fato, exposto com lucidez por David Hume (1711-1776), de que aqueles que estão no governo constituem sempre uma pequena minoria em contraste com a vasta maioria daqueles que se encontram sujeitos às suas disposições. Neste sentido, cada sistema de governo é uma regra da minoria e, como tal, poderá durar somente enquanto for apoiado pela crença dos governados de que é melhor, para eles, manter a lealdade para com os detentores dos cargos públicos em vez de de tentar substitui-los por outros que estejam a aplicar métodos administrativos diferentes. Caso essa opinião desvaneça, a maioria rebelar-se-á e substituirá, por meio da força, os governantes impopulares e seus sistemas por outros homens e um outro sistema. Entretanto, o complicado aparato industrial da sociedade moderna não poderia ser preservado sob um estado de coisas no qual o único meio de concretizar as aspirações da maioria seria a revolução. O objetivo do governo representativo é evitar o reaparecimento dessa perturbação violenta da paz juntamente com seus efeitos prejudiciais sobre a moral, a cultura e o bem-estar material. O governo do povo, ou seja, por meio de representantes eleitos, possibilita a mudança pacífica. Assegura a concordância da opinião pública e os princípios de acordo com os quais os assuntos do Estado são conduzidos. O governo da maioria é para aqueles que acreditam na liberdade não como princípio metafísico, derivado de uma distorção insustentável dos fatos biológicos, mas como meio de assegurar, sem interrupções, o desenvolvimento pacífico do esforço civilizador da humanidade.

V

A doutrina da igualdade biológica inata de todos os homens deu origem, no século XIX, a um misticismo quase religioso do "povo", que finalmente se transformou no dogma da superioridade do "homem comum". Todos os homens nascem iguais. Os membros das classes superiores, contudo, infelizmente foram corrompidos pelas tentações do poder e pelos deleites nos luxos que asseguraram para si mesmos. Os males que assolam a humanidade são causados pelas ações errôneas dessa minoria insensata. Tão logo esses perpetradores de danos forem destituídos de suas posses, a nobreza inata do homem comum controlará os assuntos humanos. Será um prazer viver em um mundo no qual a bondade infinita e o gênio inato das pessoas será supremo. A felicidade nunca antes sonhada para todos se encontra reservada para a humanidade. Para os revolucionários sociais russos, essa mística substituiria as práticas devocionais da Igreja Ortodoxa Russa. Os marxistas não se sentiam à vontade a respeito das excentricidades entusiásticas de seus rivais mais poderosos. Entretanto, a descrição do próprio Marx das condições jubilosas da *"fase mais elevada da Sociedade Comunista"*[9] era ainda mais otimista. Após o extermínio dos revolucionários sociais, os próprios bolcheviques adotaram o culto do homem comum como principal disfarce ideológico de seu despotismo ilimitado, exercido por parte de um pequeno grupo exclusivo de chefes do partido.

A diferença característica entre o socialismo (comunismo, planejamento, capitalismo de Estado ou qualquer outro sinônimo que possamos preferir) e a economia de mercado (capitalismo, sistema de empresa privada, liberdade econômica) é a seguinte: na economia de mercado, os indivíduos *enquanto* consumidores são soberanos e determinam, por meio de suas ações de comprar ou de não comprar, o que deveria ser produzido, enquanto na economia socialista essas questões são fixadas pelo governo. Sob o capitalismo, o consumidor é o homem por cujo patrocínio os fornecedores estão competindo e para quem, após a venda, dizem "obrigado" e "por favor, volte sempre". Sob o socialismo, o "camarada" obtém o que o "grande irmão" tem a bondade de lhe

---

[9] MARX. *Critique of the Social Democratic Program of Gotha. Op. cit.*

dar e deve agradecer por qualquer coisa que venha a receber. No Ocidente capitalista, o padrão de vida médio é incomparavelmente alto em relação ao Leste comunista[10]. Entretanto, é um fato que, todos os dias, um número crescente de pessoas nos países capitalistas – entre eles, a maioria dos assim chamados intelectuais – suspiram pelas supostas bênçãos do controle governamental.

É inútil explicar a esses homens quais são as condições do homem comum sob um sistema socialista, tanto em sua capacidade como produtor, quanto em sua qualidade como consumidor. A inferioridade intelectual das massas manifesta-se com evidência em seu desejo de abolir o sistema no qual são soberanos e servidos pela elite dos homens mais talentosos, e na sua vontade de regredir para um sistema no qual a elite os manteria subjugados.

Não nos enganemos. O que mostra o progresso triunfante do credo totalitário não é o avanço do socialismo entre as nações atrasadas, aquelas que nunca passaram do estágio da barbárie primitiva e aquelas cujas civilizações foram tolhidas há muitos séculos. É em nosso circuito ocidental que o socialismo realiza seus maiores progressos. Cada projeto para constranger o que é chamado de "setor privado" da organização econômica é considerado altamente benéfico como progresso e, quando recebe oposição, é tímida e acanhada – além

---

[10] O autor faz referência à divisão geoeconômica característica da Guerra Fria, que separava o mundo em "Ocidente" – ligado ao sistema capitalista – e "Leste" ou "Oriente", composto pelos países do bloco socialista. Trata-se de uma distinção baseada em um conteúdo ideacional e não geográfico. (N. T.)

de durar pouco tempo. Marchamos "para a frente" na direção da concretização do socialismo.

VI

Os liberais clássicos dos séculos XVIII e XIX baseavam sua apreciação otimista a respeito do futuro da humanidade no pressuposto de que a minoria dos homens eminentes e honestos sempre seriam capazes de liderar, por meio da persuasão, a maioria das pessoas inferiores, conduzindo-as pelo caminho que conduz à paz e à prosperidade. Acreditavam que a elite sempre seria capaz de evitar que as massas seguissem os flautistas e os demagogos, adotando assim políticas que levariam ao desastre. Podemos deixar sem resposta a questão acerca de se o erro desses otimistas consistia em supervalorizar a elite, as massas ou ambos. Em qualquer medida que seja, é fato que a imensa maioria de nossos contemporâneos se encontram comprometidos fanaticamente com políticas que, em última análise, têm por objetivo abolir a ordem social na qual os cidadãos mais engenhosos são impelidos ao serviço das massas da melhor maneira possível. As massas – incluindo aqueles chamados de intelectuais – defendem apaixonadamente um sistema no qual os consumidores não mais serão os que dão as ordens, terminando por ficar sob a tutela de uma autoridade onipotente. Não importa que esse sistema econômico seja vendido aos homens comuns com o rótulo de "a cada um de acordo com suas necessidades" e que seu corolário político e constitucional seja a autocracia ilimitada de governantes autodeclarados sob o rótulo de "democracia do povo".

No passado, a propaganda fanática dos socialistas e de seus cúmplices, os intervencionistas de todos os graus, ainda encontrava oposição por parte de uns poucos economistas, homens de Estado e homens de negócios. Entretanto, mesmo essa defesa inepta e muitas vezes pouco convincente da economia de mercado praticamente desapareceu aos poucos. Os baluartes do esnobismo americano e do "patriarcado", isto é, as universidades e fundações ricas da moda e prodigamente dotadas são, atualmente, berços do radicalismo "social". Milionários, e não "proletários", foram os incentivadores mais eficientes do *New Deal* e das políticas "progressistas" que produziu. Sabe-se muito bem que o ditador russo foi recebido, em sua primeira visita aos Estados Unidos, com mais cordialidade pelos banqueiros e presidentes das grandes corporações do que por outros norte-americanos.

A substância dos argumentos desses homens de negócios "progressistas" é a seguinte: "Devo a posição de eminência que ocupo em meu ramo de negócios à minha própria eficiência e dedicação. Meus talentos inatos, meu ardor na aquisição do conhecimento necessário para administrar uma grande empresa, minha diligência, foram as coisas que me conduziram ao topo. Esses méritos pessoais teriam me assegurado uma posição de liderança em qualquer sistema econômico. Como líder de um ramo importante da produção, também teria desfrutado de uma posição invejável em uma comunidade socialista. Entretanto, sob o socialismo, meu trabalho cotidiano seria muito menos exaustivo e irritante. Não precisaria mais viver sob o temor de que um competidor pudesse me superar ofertando algo melhor ou mais barato no mercado. Não me veria mais obrigado a satisfazer aos desejos esdrúxulos e irracionais dos consumidores. Daria-lhes o que eu – aquele que sabe – penso que mereceriam receber. Trocaria o trabalho desassossegado e altamente estressante do homem de negócios pelas funções excelsas e afáveis de um funcionário público. Meu estilo de vida e de trabalho se assemelharia muito mais ao porte senhorial de um magnata do passado em vez de executivo assolado pela úlcera em uma corporação moderna. Deixo que os filósofos se preocupem com a verdade ou com os supostos defeitos do socialismo. Do meu ponto de vista pessoal, não vejo nenhuma razão pela qual devesse me opor a ele. Administradores de empresas nacionalizadas ao redor do mundo, bem como oficiais russos visitantes, concordam totalmente com meu ponto de vista".

Obviamente, não há mais sentido no autoengano desses capitalistas e empreendedores do que nos sonhos românticos dos socialistas e comunistas de todos os tipos.

VII

Da maneira como vemos as tendências ideológicas da atualidade, podemos esperar que, em poucas décadas, talvez mesmo antes do ano agourento de 1984[11], cada país te-

---

[11] Alusão ao romance *1984* de George Orwell, pseudônimo de Eric Arthur Blair (1903-1950), que foi escrito em 1948 e publicado originalmente em 1949, no qual

nha adotado o sistema socialista. O homem comum será libertado do trabalho entediante de ter de governar os rumos da própria vida. As autoridades lhe dirão o que fazer e o que não fazer, será alimentado, vestido, educado e entretido. Antes de mais nada, contudo, elas o libertarão da necessidade de utilizar o próprio cérebro. Cada um receberá "de acordo com suas necessidades". Mas as necessidades de cada indivíduo serão determinadas pela autoridade. Tal como ocorreu em períodos anteriores, os homens superiores não estarão mais a serviço das massas; em vez disso, as dominarão e governarão.

Ainda assim, esse resultado não é inevitável. É o objetivo ao qual conduzem as tendências que prevalecem em nosso mundo contemporâneo. Entretanto, as tendências podem mudar e, até agora, sempre se modificaram. A tendência em direção ao socialismo também pode ser substituída por alguma outra. Conseguir tal mudança é a tarefa da geração que está emergindo.

é narrado o cotidiano dos habitantes de Oceânia no ano de 1984, que vivem sob um regime totalitário e repressivo, controlado pelo *Big Brother*, o grande irmão. A obra se encontra disponível na seguinte edição brasileira: ORWELL, George. *1984*. Trad. Alexandre Hubner e Heloisa Jahn; posf. Erich Fromm, Bem Pimlott e Thomas Pynchon. São Paulo: Companhia das Letras, 2009. (N. E.)

POSFÁCIO À EDIÇÃO BRASILEIRA

I

No sentido mais fundamental, todos somos, juntamente com cada uma de nossas ações, sempre e invariavelmente empreendedores orientados para o lucro.

Sempre que agimos, empregamos algum meio físico (coisas valorizadas como bens) – no mínimo, nosso corpo e o lugar onde se encontra, porém, na maior parte dos casos, também muitas outras coisas "externas" – de modo a alterar o curso "natural" dos eventos (o decorrer dos eventos que esperávamos que teria se concretizado caso tivéssemos agido de maneira diferente) para atingirmos, em vez disso, algum estado antecipado futuro de coisas mais valorizado. Por meio de todas as nossas ações, temos por objetivo substituir um estado futuro de coisas menos favorável, que se concretizaria

A Ética do Empreendedorismo e do Lucro

Hans-Hermann Hoppe

caso agíssemos de forma diferente, por um estado futuro mais favorável. Assim, com todas as nossas ações, buscamos aumentar a satisfação e obter um lucro psicológico. *"Realizar um lucro é invariavelmente o objetivo de toda ação"*[1], conforme expresso por Ludwig von Mises (1881-1973).

Toda ação, contudo, também se vê ameaçada pela possibilidade de perdas, pois cada ação se refere ao futuro e o futuro é incerto ou, na melhor das hipóteses, conhecido apenas parcialmente. Cada ator, ao decidir um curso de ação, compara os valores de duas situações antecipadas: o estado que deseja tornar efetivo por meio de sua ação, mas que ainda não se concretizou, e um outro estado que resultaria caso agisse de maneira diferente, mas que não pode passar a existir, dado que age

---

[1] MISES, Ludwig von. *Ação Humana: Um Tratado de Economia*. São Paulo: Instituto Ludwig von Mises Brasil, 2010. p. 349. (N. T.)

da maneira como age. Isso faz com que toda ação seja um empreendimento arriscado. Um ator sempre pode fracassar e sofrer uma perda. Pode não ser capaz de concretizar o estado de coisas futuro que antecipou – isto é, o conhecimento técnico do ator, seu "*know how*", pode ser deficiente ou pode estar temporariamente "ofuscado" devido a certas contingências externas imprevistas. Ou ainda, mesmo que tenha conseguido produzir com sucesso a situação física desejada, ainda poderá considerar sua ação como um fracasso e sofrer uma perda, caso a nova situação lhe proporcione menos satisfação do que poderia ter alcançado caso tivesse realizado uma escolha diferente (no caso, algum curso de ação rejeitado anteriormente). Ou seja, o conhecimento especulativo do ator – seu conhecimento a respeito da mudança temporal e da flutuação dos valores e valorações – pode ser deficiente.

Dado que todas as nossas ações refletem empreendedorismo e são orientadas para ter sucesso e para proporcionar um lucro para o ator, não pode haver nada de errado com o empreendedorismo e o lucro. Errado, em qualquer sentido significativo do termo, corresponde somente ao insucesso e à perda, e, consequentemente, em todas as ações, tentamos evitar tais coisas.

A questão da justiça, ou seja, se uma ação específica, juntamente com o lucro ou a perda resultante, é ou não eticamente certa ou errada, surge somente em conexão com os conflitos.

Dado que toda ação requer o emprego de certos meios físicos específicos – um corpo, o espaço que ocupa, objetos externos –, sempre que dois atores tentam utilizar o mesmo meio físico para a consecução de propósitos diferentes, surgirá um conflito entre os atores. A origem do conflito é sempre e invariavelmente a mesma: a escassez dos meios físicos. Dois atores não podem, ao mesmo tempo, utilizar o mesmo meio físico – os mesmos corpos, espaços e objetos – para propósitos alternativos. Caso tentem fazer isso, colidirão. Dessa maneira, para evitar o conflito ou contorná-lo caso surja é necessário um princípio acionável e um critério de justiça, ou seja, um princípio que regule a utilização e o controle (propriedade) justo ou "apropriado" (em contraste com injusto ou "inapropriado") dos meios físicos escassos.

Logicamente, o que se requer para evitar todos os conflitos está claro: é suficiente apenas que cada bem seja sempre e a todo momento de propriedade privada, isto é, controlado exclusivamente por algum indivíduo específico (ou parceria individual, ou associação), e que sempre se possa reconhecer qual bem é possuído e por quem, e qual não é. Os planos e propósitos de diversos atores-empreendedores orientados para o lucro podem, então, ser tão diferentes quanto for possível, e, mesmo assim, nenhum conflito surgirá enquanto as respectivas ações envolverem exclusivamente o uso daquilo que lhes é, unicamente, de propriedade privada.

Ademais, como pode se atingir, na prática, uma situação de completa e não ambígua privatização clara de todos os bens? Como, em primeiro lugar, as coisas físicas podem se tornar propriedade privada; e como o conflito pode ser evitado já desde o início da humanidade?

Existe uma única solução – "praxiológica" – para esse problema, e é conhecida pela humanidade essencialmente desde o princípio — mesmo tendo sido apenas lenta e gradualmente elaborada, e logicamente reconstruída. Para evitar o conflito desde o início, é necessário que a propriedade privada seja fundamentada por atos de apropriação original. A propriedade deve se estabelecer por meio de ações (e não por meras palavras ou declarações), porque somente por intermédio das ações, que ocorrem no tempo e no espaço, pode ser estabelecida uma conexão objetiva — determinável intersubjetivamente — entre uma dada pessoa e uma coisa em particular. E somente o primeiro apropriador de uma coisa anteriormente não-apropriada pode adquirir esta coisa como de sua propriedade, sem qualquer conflito. Por definição, portanto, na condição de primeiro apropriador, não pode ter incorrido em conflito com qualquer outra pessoa na apropriação do bem em questão, dado que todos os demais vieram a entrar em cena somente mais tarde.

Isso sugere, de maneira importante, que, uma vez que cada pessoa seja a proprietária exclusiva do próprio corpo físico como meio primário de ação, nenhuma outra pode jamais ser a proprietária do corpo de ninguém. Afinal de contas, podemos utilizar o corpo de outra pessoa apenas indiretamente, isto é, utilizando primeiramente nosso próprio corpo, diretamente apropriado e controlado. Assim, a apropriação temporal e logicamente direta antecede a apropriação indireta; e, consequentemente, qualquer utilização não-consensual do corpo de outra pessoa é uma apropriação indevida e injusta de algo que já foi apropriado diretamente por alguma outra pessoa.

Toda a propriedade justa remonta, portanto, direta ou indiretamente, a cadeias de transferências de títulos de propriedade mutuamente benéficos – e, portanto, igualmente livres de conflito –, a apropriadores originais e a atos de apropriação original. *Mutatis mutandis*, todas as reivindicações e utilizações de coisas por uma pessoa que ou não se apropriou dessas coisas, ou não as produziu, e nem as adquiriu, por meio de uma troca livre de conflito, de algum proprietário anterior, serão injustas.

II

Essa análise também se aplica totalmente ao caso do empreendedor na definição mais estrita do termo, como empreendedor-capitalista.

O empreendedor-capitalista age com um objetivo específico em mente: a obtenção de lucro monetário. Economiza ou toma emprestado dinheiro economizado, contrata trabalho e compra ou aluga matérias-primas, bens de capital e terras. Então, realiza a produção de seu produto ou serviço, qualquer que possa ser, e espera vender esse produto para obter lucro monetário. Para o capitalista:

> O lucro aparece como um excedente do montante recebido sobre o despendido, enquanto que a perda, como um excedente do montante despendido sobre o recebido. Lucros e perdas podem ser expressos em quantidades definidas de moeda[2].

---

[2] MISES. *Ação Humana. Op. cit.*, p. 349. (N. T.)

Tal como ocorre com todas as ações, um empreendimento capitalista é arriscado. O custo da produção – o dinheiro gasto – não determina a receita recebida. De fato, se o custo da produção determinasse o preço e a receita, nenhum capitalista jamais falharia. Na verdade, os preços e receitas antecipadas determinam quais são os custos de produção com os quais o capitalista possivelmente pode arcar.

No entanto, o capitalista não conhece os preços futuros que deverão ser pagos ou a quantidade do produto que será comprada por esses preços. Isso depende exclusivamente dos compradores de seu produto e o capitalista não exerce controle sobre eles. O capitalista precisa especular a respeito de qual será a demanda futura. Caso esteja correto e caso os preços futuros esperados correspondam aos preços de mercado fixados posteriormente, obterá um lucro. Por outro lado, embora nenhum capitalista tenha por objetivo realizar perdas – dado que perdas implicam que deverá, em última análise, abrir mão de sua função como capitalista e tornar-se ou um empregado contratado de outro capitalista, ou um produtor-consumidor autossuficiente –, todo capitalista poderá errar ao especular, e os preços que realmente se efetuam poderão ficar abaixo das expectativas e do custo de produção conforme assumido. Nesse caso, não obterá lucro, mas sim incorrerá em perda.

Embora seja possível determinar com exatidão a quantidade de dinheiro que um capitalista ganhou ou perdeu no transcurso do tempo, a perda ou lucro monetário não quer dizer muita coisa a respeito do estado de felicidade do capitalista, isto é, sobre o lucro ou a perda psicológica. Para o capitalista, o dinheiro raramente é – se e que chega a ser alguma vez – o objetivo último (embora possa ser para o Tio Patinhas[3], e somente sob um padrão-ouro). Em praticamente todos os casos, o capitalista pode desejar utilizá-lo para dar continuidade ou expandir seu papel como capitalista orientado para o lucro. Pode utilizá-lo como dinheiro a ser guardado para empregos futuros ainda não determinados. Pode desejar gastá-lo em bens de consumo e no consumo pessoal. Ou pode desejar empregá-lo em causas filantrópicas ou para fazer caridade, e assim por diante.

O que pode ser dito sem ambiguidade a respeito dos lucros ou perdas de um capitalista é o seguinte: lucros ou perdas serão a expressão quantitativa do tamanho de sua contribuição para o bem-estar de outras pessoas na sociedade, isto é, os compradores e consumidores, que entregaram dinheiro em troca de seu produto, que é por eles mais valorizado. Os lucros do capitalista indicam que teve sucesso em transformar meios de ação menos valorizados e apreciados em outros mais valorizados e apreciados, aumentando e melhorando, dessa maneira, o bem-estar social. *Mutatis mutandis*, as perdas do capitalista indicam que utilizou alguns insumos mais valorizados para a produção de um resultado menos valorizado, desperdiçando, assim, meios físicos escassos, e resultando no empobrecimento da sociedade.

---

[3] Referência à personagem fictícia conhecida em inglês como *Uncle Scrooge* ou *Scrooge McDuck*. Sendo inicialmente uma alusão à personagem Ebenezer Scrooge do romance *A Christmas Carol* [*Um Conto de Natal*], lançado em 1843, por Charles Dickens (1812-1870), Tio Patinhas foi criado, em 1947, para o universo ficcional de Walt Disney (1901-1966) pelo cartunista Carl Barks (1901-2000), assumindo, posteriormente, o arquétipo do bem-sucedido homem de negócios que criou do nada a fortuna por intermédio do próprio esforço. (N. E.)

Assim, o lucro monetário não é bom somente para o capitalista, mas também para as demais pessoas na sociedade. Quanto maiores os lucros de um capitalista, maior terá sido sua contribuição para o bem-estar social. Da mesma maneira, perdas monetárias são ruins não somente para o capitalista, mas também para outras pessoas, cujo bem-estar foi negativamente afetado por causa de seu erro.

A questão da justiça: aquilo que é eticamente "certo" ou "errado" a respeito das ações de um empreendedor-capitalista emerge, tal como ocorre no caso de todas as ações, mais uma vez somente em conexão com os conflitos, isto é, com as rivalidades nas reivindicações de propriedade e as disputas a respeito de meios de ação físicos específicos. E a resposta para o capitalista, aqui, é a mesma que para todos os demais, em qualquer uma de suas ações.

As ações e lucros do capitalista são justos caso tenha se apropriado originalmente, produzido ou adquirido seus fatores de produção – seja comprando-os ou alugando-os – em uma troca mutuamente benéfica com o proprietário anterior, caso todos os empregados tenham sido contratados livremente e sob termos de concordância mútua, e caso não tenha causado danos físicos à propriedade de terceiros durante o processo de produção. Ao contrário, caso algum ou todos os fatores de produção do capitalista não tenham sido apropriados, nem por ele produzidos, nem comprados ou alugados de um proprietário anterior (mas, em vez disso, obtidos da expropriação da propriedade anterior de outra pessoa), ou caso empregue trabalho "forçado" não-consensual em sua produção, ou, ainda, caso provoque danos físicos à propriedade de terceiros durante a produção, então as ações e os lucros resultantes serão injustos.

Nesse caso, a pessoa que sofreu prejuízo injustamente, o escravo, ou qualquer pessoa que tenha provas do próprio título anterior, ao qual não renunciou, sobre algum ou todos os meios de produção do capitalista, pode fazer uma reivindicação justa contra ele e pode insistir na restituição – exatamente da mesma forma como o caso seria julgado e tratado fora do mundo dos negócios, em todos os assuntos civis.

III

Nesse panorama ético fundamentalmente claro, complicações aparecem somente com a presença do Estado.

O Estado é definido, convencionalmente, como agência que exerce um monopólio territorial sobre todos os processos decisórios definitivos em todos os casos de conflito, até mesmo conflitos que o envolvem juntamente com seus agentes. Isto é, o Estado pode legislar, pode fazer e quebrar leis unilateralmente; e, por implicação, o Estado é dotado do privilégio exclusivo para tributar, ou seja, para determinar unilateralmente o preço que as pessoas a ele sujeitadas devem pagar para que possa desempenhar a tarefa de tomar decisões definitivas.

Logicamente, a instituição do Estado nos leva a duas conclusões. Primeiro, com a existência de um Estado, toda a propriedade privada se torna essencialmente uma propriedade fiduciária, isto é, uma propriedade garantida pelo Estado e, pela mesma razão, ao mesmo tempo uma propriedade que pode ser removida pelo Estado por meio da legislação ou tributação. Em última análise, toda propriedade privada se torna propriedade estatal. Em segundo lugar, nada da terra e propriedade "próprias" do Estado – equivocadamente chamadas de propriedade pública –, assim como nada de sua renda monetária, decorre da apropriação original, produção ou troca voluntária. Na verdade, toda a propriedade e renda do Estado resultam de expropriações da propriedade privada de donos anteriores.

O Estado, portanto, contrariamente aos próprios (e convenientes) pronunciamentos, não é o originador ou garantidor da propriedade privada. Na verdade, é o conquistador da propriedade privada. Tampouco o Estado é o originador ou garantidor da justiça. Pelo contrário, é o destruidor da justiça e a incorporação da injustiça.

Como deve proceder um empreendedor-capitalista (ou qualquer um, aliás) para agir com justiça em um mundo estatista fundamentalmente injusto, isto é, confrontado e cercado por uma instituição eticamente indefensável – o Estado –, cujos agentes vivem e tiram seu sustento não da produção e da troca, mas de expropriações: da tomada, redistribuição e regulação da propriedade privada do capitalista e dos demais?

Dado que a propriedade privada é justa, toda ação realizada em defesa da própria propriedade privada será, igualmente, justa – dado somente que, agindo em sua defesa, o defensor não viole o direito de outros à propriedade privada. O capitalista é eticamente dotado do direito de utilizar todos os meios à sua disposição para defender-se contra qualquer ataque ou expropriação de sua propriedade por parte do Estado, da mesma maneira como tem o direito para proceder contra qualquer criminoso ordinário. Por outro lado, e mais uma vez, assim como no caso de qualquer criminoso comum, as ações defensivas do capitalista serão injustas caso envolvam um ataque contra a propriedade de qualquer outra parte, isto é, assim que o capitalista utilizar seus meios para desempenhar um papel participativo nas expropriações do Estado.

Mais especificamente: para o capitalista (ou qualquer um) em defesa e pelo bem de sua propriedade, pode não ser prudente ou mesmo perigoso fazê-lo, mas é certamente justo que evite ou tente se evadir de qualquer uma ou de todas as restrições impostas pelo Estado sobre a sua propriedade, da melhor maneira possível. Assim, é justo que o capitalista engane e minta para os agentes estatais a respeito de suas propriedades e rendimentos. É justo, para ele, evadir pagamentos de impostos sobre sua propriedade e rendimentos, bem como ignorar ou contornar todas as restrições legislativas ou regulatórias impostas sobre os usos que pode fazer dos fatores de produção (terra, trabalho e capital). De forma correspondente, um capitalista também agirá com justiça caso suborne ou de alguma outra forma tente influenciar agentes estatais para que o ajudem a ignorar, remover ou evadir as taxas e regulamentações sobre ele impostas. Agirá com justiça e, acima disso, tornar-se-á um promotor da justiça, caso utilize seus meios para aliciar ou subornar agentes estatais de maneira a reduzir taxas e regulamentações sobre a propriedade, não somente para ele, mas em geral. E agirá com justiça, tornando-se de fato um paladino da justiça, caso exerça influência de modo ativo para tornar ilegal, posto que injusta, qualquer ou todas as expropriações e, portanto, todos os impostos sobre a propriedade e rendimentos, bem como todas as restrições legislativas sobre a utilização da propriedade (para além da exigência de não causar dano físico à propriedade de terceiros durante a produção).

Da mesma maneira, será justo para o capitalista comprar propriedade do Estado ao menor preço possível – dado somente que a propriedade em questão não possa ser associada à expropriação anterior de algum terceiro específico que ainda retenha direitos sobre ela. Da mesma maneira, será justo para o capitalista vender seus produtos para o Estado ao preço mais elevado possível – desde que seus produtos não possam ser conectados, direta e causalmente, a algum ato futuro de agressão estatal contra uma terceira parte em particular (como pode ocorrer com certas vendas de armas).

Por outro lado, além de qualquer violação das duas condições mencionadas acima, um capitalista agirá injustamente e se tornará um promotor da *in-justiça*, se e na medida em que empregar meios com o propósito de manter ou incrementar qualquer nível corrente de confisco ou de expropriação legislativa da renda ou da propriedade de outros por parte do Estado. Assim, por exemplo, a compra de títulos estatais do governo e o lucro monetário decorrente é algo injusto, pois tal compra representa um esforço de influência em favor da continuação do Estado e do prosseguimento da injustiça, já que os pagamentos de juros e o repagamento final do título requer a arrecadação futura de impostos. Do mesmo modo, e ainda mais importante, quaisquer meios despendidos por um capitalista em esforços de influência para manter ou aumentar o nível de tributação corrente – e, assim, do rendimento e dos gastos estatais –, ou das restrições regulatórias sobre a propriedade, serão injustos, e quaisquer lucros derivados de tais esforços serão corruptos.

Confrontado com uma instituição injusta, a tentação para que um capitalista proceda de maneira também injusta aumenta sistematicamente. Caso venha a se tornar um cúmplice no negócio estatal da tributação, redistribuição e legislação, abrir-se-ão novas oportunidades de lucros. A corrupção se torna atraente, pois poderá proporcionar grandes recompensas financeiras.

Ao gastar dinheiro e outros meios em partidos políticos, em políticos ou em outros agentes do Estado, um capitalista pode tentar influenciar o Estado para subsidiar seu empreendimento em declínio, ou para resgatá-lo da insolvência ou da falência – enriquecendo ou salvando-se, dessa maneira, às custas de outros. Por meio de atividades de influência e desses gastos, um capitalista pode obter um privilégio legal ou um monopólio no que diz respeito à produção, à venda, ou à compra de certos produtos ou serviços – e, desse modo, alcançar ganhos monopolistas às custas de outros capitalistas que buscam a obtenção de lucro monetário. Ou, ainda, pode fazer com que o Estado aprove leis que aumentam os custos de produção de seus competidores relativamente aos próprios custos – garantindo, desse modo, uma vantagem competitiva às custas dos demais.

Ainda assim, por mais que sejam tentadoras, todas essas atividades de influência e os lucros resultantes serão injustos.

Tudo isso requer que um capitalista pague a agentes estatais para a expropriação de outros indivíduos com a expectativa de atingir um lucro pessoal mais elevado. Com isso, o capitalista não emprega seus meios de produção exclusivamente na produção de bens que deverão ser vendidos para consumidores que pagam de maneira voluntária. Em vez disso, o capitalista emprega parte de seus meios para a produção de males: a expropriação involuntária de terceiros. Consequentemente, os lucros obtidos por meio de seu empreendimento, quaisquer que possam ser, não mais serão uma medida correta do tamanho de sua contribuição para o bem-estar social. Seus lucros serão corruptos e estarão moralmente contaminados. Corresponderá a terceiros uma reivindicação justa contra o empreendimento e os lucros desse empreendedor – uma reivindicação que pode não ser imposta contra o Estado, mas que, não obstante, ainda seria uma reivindicação justa.

Índice Remissivo e Onomástico

A

Ação Humana ver *Human Action*
Administrador, 47, 68, 96, 141
África, 101
Alemanha, 18, 99, 102
América Latina, 101
American Economic Review, 28
Anderson, Benjamin (1886-1949), 26
Anti-capitalist Mentality, The [*Mentalidade Anticapitalista, A*], de Ludwig von Mises, 30
Aristóteles (384-322 a.C.), 134
Ásia, 101, 103
Áustria, 14-5, 18

B

Banco Imobiliário (jogo), 36
Barks, Carl (1901-2000), 151
Böhm-Bawerk, Eugen von (1851-1914), 16-7
Book-of-the-Month Club [Clube do Livro do Mês], 30
Bracke, Wilhelm (1842-1880), 124
Branden, Barbara (1929-2013), 31
Bureaucracy [*Burocracia*], de Ludwig von Mises, 27, 68
Burguesia, 124, 132
Burocracia, 18, 27
Burocracia ver *Bureaucracy*

C

Cálculo econômico, 43, 48, 67-68, 84, 86
Cálculo Econômico em uma Comunidade Socialista, O ver *Wirtschaftsrechnung im sozialistischen Gemeinwesen, Die*
Capital, 44, 47-48, 50-52, 54-56, 63-64, 66-67, 70, 72-73, 76-78, 80-83, 95-96, 99, 102-03, 107-08, 112, 126-27, 130, 149, 155
Capitalismo, 29, 34, 43-4, 50, 55, 57, 66, 73, 96, 100-01, 106-07, 111, 118-19, 124-26, 134-37
Cerberes, 25
Chicago, 30
Christmas Carol, Um [*Conto de Natal, Um*], de Charles Dickens, 151
China, 107
Cliente, 45, 53, 55, 57, 125, 128
Commentary, 28
Comunismo, 17, 27, 45, 104, 106, 137
Competição, 36, 71, 100

Constituição, 14, 123, 128
Consumidor, 16, 19, 29-30, 35-37, 39, 44-49, 51-56, 58, 62, 64-66, 69-70, 72, 74-75, 80-83, 92, 94-98, 102, 109, 120, 125-26, 128-29, 131, 137-39, 141, 150, 158
Cristianismo, 111
Custo, 16, 19, 34-36, 46, 48, 50, 54, 63-64, 68, 70, 77-79, 84, 94, 118-19, 150, 157

D

Davidson, Eugene (1902-2002), 27-28
Declaração dos Direitos do Homem e do Cidadão, 122
Desenvolvimento, 44, 83, 111, 136
Desperdício, 39, 50, 71, 78
Dickens, Charles (1812-1870), 151
Dinheiro, 17, 23-26, 34, 36, 39, 76-77, 108, 149-51, 157
Disney, Walt (1901-1966), 151

E

Ebeling, Anna, 32
Ebeling, Richard M. (1950-), 9, 32-33
Economia, 10, 12-13, 15-16, 18-20, 22-26, 28, 30, 38, 40, 43, 45-52, 55-58, 76, 79, 81-84, 88, 92-94, 97, 105-06, 113-15, 124-26, 137, 140
Educação, 14, 132, 134
Eficiência, 46, 49-50, 78, 140
Egoísmo, 40, 109
Empreendedor, 10, 39, 44, 46-49, 52-53, 55-56, 58, 62-67, 69-70, 72-75, 77-79, 81-86, 92, 94-100, 105, 109-12, 114, 118-20, 125, 127, 141, 144-47, 149, 152, 154, 158
Empresário, 43-48, 51-52, 54-57

Encyclopaedia of the Social Sciences [*Enciclopédia das Ciências Sociais*], 123
Engels, Friedrich (1820-1895), 113, 120
Escassez, 19, 38, 49, 72-73, 147
Escócia, 102
Espanha, 25
Especulação, 53, 86-87, 127
Estado, 18, 26, 40, 51, 54, 66, 96, 110, 136-37, 140, 153-57
Estados Unidos, 15, 25, 71, 79, 98-99, 102-04, 106, 132, 140
Ética, eticamente, 10, 28, 37, 57, 145-46, 152, 154
Europa, 25, 99

F

Fascismo, 45
Fatores da produção, 66
Fertig, Lawrence (1898-1986), 31
Foundation for Economic Education (FEE), 31
Fox & Wilkes, 30
França, 8, 18, 25, 42, 102
Francisco de Assis (1182-1226), São, 110

G

Galbraith, John Kenneth (1908-2006), 28
Genebra, 24-25
Gestapo, 32
Gewerbepolitik, 100
Goethe, Johann Wolfgang von (1749-1832), 24, 134
Governo, 13-14, 17-18, 21, 26-27, 33, 35, 45, 47-48, 67, 73, 79, 92, 96,

98, 103, 106, 120, 125-6, 131, 134-37, 156
Governo Onipotente ver *Omnipotent Government*
Graduate Institute of International and Development Studies [Instituto de Universitário de Altos Estudos Internacionais], 23
Greaves, Bettina Bien (1917-), 8, 15
Grundsätze der Volkswirtschaftslehre [Princípios de Economia Política], de Carl Menger, 16

H

Handwerk (trabalho manual), 99
Hayek, F. A. [Friedrich August von] (1899-1992), 15, 20-22, 25, 31
Hazlitt, Henry (1894-1993), 25-29, 31
Heilbroner, Robert L. (1919-2008), 32
Herzfeld, Margit ver Mises, Margit von
Hitler, Adolf (1889-1945), 105
Hülsmann, Jörg Guido (1966-), 33
Human Action: A Treatise on Economics [Ação Humana: Um Tratado sobre Economia], de Ludwig von Mises, 28, 68
Hume, David (1711-1776), 135

I

Ibsen, Henrik (1828-1906), 24
Igualdade, 44-45, 101, 122-23, 131-32, 134-36
Império Áustro-Húngaro, 16
Imposto, 18, 34-36, 54, 80, 85, 96, 103, 155-56
Índia, 107
Inflação, 17-18, 23, 50, 53, 86
Inglaterra, 18, 25, 102

Injustiça, 154, 156
Inovação, 47-48, 54, 65
Inovador, 47
Internacionalismo, 45, 101
Intervencionismo, 28, 43, 45, 58, 104
Inveja, 50, 55, 79, 81, 86, 104, 106, 129
Inventor, 47
Investimento, 40, 50, 53, 73, 103
Irlanda, 102

J

Jogo de soma-zero, 36
Juízo de valor, 49, 86, 124
Julgamento moral, 57
Juros, 16, 46, 63-64, 78, 156
Justiça, 103, 146-47, 152, 154-55

K

Kansas City, 31
Kapital und Kapitalzins [Capital e Juros], de Eugen von Böhm-Bawerk, 16
Keynes, John Maynard (1883-1946), 23, 33

L

Laissez-faire, 104, 135
Lane, Rose Wilder (1886-1968), 29
Lange, Oskar (1904-1965), 21
Legislação, 51, 87, 102, 154, 157
Lei Natural, 122
Leistungsfähigkeit, 124
Lenin, Vladimir (1870-1924), 43, 56, 100, 120
Lemberg, 16
Liberalismus [Liberalismo], de Ludwig von Mises, 22
Lisboa, 25

Livre mercado, 16, 22, 25, 30-31, 33, 40, 44
Los Angeles, 31
Lucro, lucros, 8, 10, 27, 34-35, 37, 39, 42-47, 49-59, 62-64, 67-68, 70, 72, 75-87, 92-97, 102, 104, 106, 108-09, 111, 113-14, 118-19, 128, 131, 144-47, 149-53, 156-58
Luhnow, Harold (1895-1978), 31
Lviv, 16

M

Manifesto do Partido Comunista, de Karl Marx e Friedrich Engels, 105
Marx, Karl (1818-1883), 33, 43, 76, 113, 120, 124, 134, 137
Meios de produção, 14, 20, 84, 118, 153, 158
Menger, Carl (1840-1921), 16
Mentalidade Anticapitalista, A ver *The Anti-capitalist Mentality*
Mercado, 14, 16-19, 21-22, 25, 28-31, 33, 35-36, 38-40, 45-46, 48-50, 52, 54-55, 62-64, 67-70, 73-74, 77, 84-85, 94, 97, 103, 105, 124-27, 130-31, 137, 140-41, 150
Mises, Adele von (1858-1937), 16
Mises, Arthur von (1854-1903), 16
Mises, Ludwig von (1881-1973), 8-10, 12-28, 31-33, 42-43, 45, 50, 57-58, 68, 123, 145, 149
Mises, Margit von (1890-1993), 9, 24-25
Moscou, 32

N

Nation, Staat und Wirtschaft [*Nação, Estado e Economia*], de Ludwig von Mises, 18
National Association of Manufacturers (NAM) [Associação Nacional de Industriais], 26
National Bureau of Economic Research [Departamento Nacional de Pesquisa Econômica], 26
Nationaloekonomie, Theorie des Handelns und Wirtschaftens [*Economia: Teoria da Ação e da Troca*], de Ludwig von Mises, 24
Natureza humana, 38, 108
Nazismo, 27, 105-06
New Deal, 23, 99, 140
New York Herald Tribune, 28
New York Journal American, 28
New York Times, 25-26, 28-29
New York University (NYU), 31-32
New York World-Telegram, 28
New Yorker, The, 32
Nova York, 15, 25, 80

O

Obrigações sociais, 40
Omnipotent Government [*Governo Onipotente*], de Ludwig von Mises, 26-27

P

Paris, 26
Perda, perdas, 8, 27, 34, 36-37, 39, 42-47, 49-53, 58-59, 62-64, 67-68, 72-73, 75-78, 80-86, 94, 96-98, 113-14, 118-19, 145-46, 149-52
Planejamento central, 32, 38
Planning for Freedom [*Planejando para a Liberdade*], de Ludwig von Mises, 8, 42
Plano Marshall, 106

ÍNDICE REMISSÍVO E ONOMÁSTICO 163

Pobreza, 33, 37, 40, 43-45, 55, 97, 104, 106-08, 118
Político, 21, 23, 27, 51, 74, 98, 101, 104, 124-25, 139, 157
Portugal, 25
Poupador, 52, 126
Poupança, 51-52, 81-83, 102
Praxiologia, 52, 84, 108, 147
Preço, 16-19, 21, 23, 36, 38-40, 46, 48, 50, 53-54, 62-64, 68, 70, 74, 76-77, 79, 82, 85, 93-94, 96, 150, 153, 156
Prejuízo, 44, 51, 86, 95, 153
Previsão empresarial, 56
Primeira Guerra Mundial, 18, 20
Privat-Dozent, 21
Privat-Seminar, 22
Produção, 13-14, 18-20, 29, 35, 39, 43-52, 54-57, 62-66, 70-73, 75-9, 82, 84-85, 94-96, 98, 100-01, 107, 109, 111, 113-14, 118, 120, 125-27, 140, 149-58
Produtividade, 44, 52, 82-83, 107, 126
Progresso econômico, 52, 56
Propriedade privada, 14, 20, 84, 147-8, 153-54
Proprietário, 56, 99-100, 107, 139
Prosperidade, 56, 99-100, 107, 139

R

Racionamento, 54, 94
Rand, Ayn (1905-1982), 31
Rappard, William E. (1883-1958), 23
Read, Leonard E. (1898-1983), 31
Redistribuição, 154, 157
Regnery, Henry (1912-1996), 30
Reich, 99
Reisch, Richard (1866-1938), 18

Riqueza das Nações, A ver *Wealth of Nations, The*
Rockefeller Foundation, 26
Rothbard, Murray N. (1926-1995), 15, 29
Rússia, 12, 27

S

Salário, 14-15, 23, 31, 47, 52-53, 57, 64, 80, 82, 96, 99
São Francisco (cidade), 30
Saturday Review of Literature, 28
Schiller, Friedrich (1759-1805), 24
Seattle, 88
Seipel, Ignaz (1876-1932), 18
Serény, Ferdinand (†1923), 24
Serény, Guido, 24
Serény, Gitta (1921-2012), 24
Shakespeare, William (1564-1616), 24
Sindicato, 96, 100, 102
Sistema de preços, 40
Socialism: An Economic and Sociological Analysis, ver *Gemeinwirtschaft: Untersuchungen über den Sozialismus, Die*
Socialismo, 12, 18-21, 25-26, 28, 31, 38, 40, 43, 45, 54, 58, 66, 96, 104, 106, 114, 118-19, 126, 134, 137-42
Socialismo: Uma Análise Econômica e Sociológica ver *Gemeinwirtschaft: Untersuchungen über den Sozialismus, Die*
Stebbing, L. Susan (1885-1943), 86-88

T

Terra, 18, 72
Theorie des Geldes und der Umlaufmittel [*Teoria da Moeda e dos Meios*

Fiduciários], de Ludwig von Mises, 17
Theory and History [*Teoria e História*], de Ludwig von Mises, 30
Tolstoi, Liev (1828-1910), 24
Trabalho, 8, 10, 16, 18, 22, 24, 32, 34, 39, 47, 52-3, 55, 64, 74, 79-80, 82, 92, 98-100, 107, 115, 126-27, 129, 140-42, 149, 152, 155
Tributação, 50, 53-54, 78, 80, 103, 154, 157
Trótski, Leon (1879-1940), 134

U

Ucrânia, 16
União Soviética, 32
Unidade monetária, 53, 84
Universidade de Viena, 14, 16-17
Ursachen der Wirtschaftskrise: ein Vortrag, Die [*Causas da Crise Econômica: Uma Palestra, As*], de Ludwig von Mises, 23

V

Value of Money, The [*Valor do Dinheiro, O*], de Benjamin Anderson, 26
Van Nostrand, 30
Viena, 14, 16-17, 21-22, 24, 32

W

Wall Street, 120
Wall Street Journal, The, 28
Wealth of Nations, The [*Riqueza das Nações, A*], de Adam Smith, 25
William Volker Charities Fund, 31

Y

Yale University Press, 27, 30

Liberdade, Valores e Mercado são os princípios que orientam a LVM Editora na missão de publicar obras de renomados autores brasileiros e estrangeiros nas áreas de Filosofia, História, Ciências Sociais e Economia. Merecem destaque no catálogo da LVM Editora os títulos da Coleção von Mises, que será composta pelas obras completas, em língua portuguesa, do economista austríaco Ludwig von Mises (1881-1973) em edições críticas, acrescidas de apresentações, prefácios e posfácios escritos por especialistas, além de notas do editor.

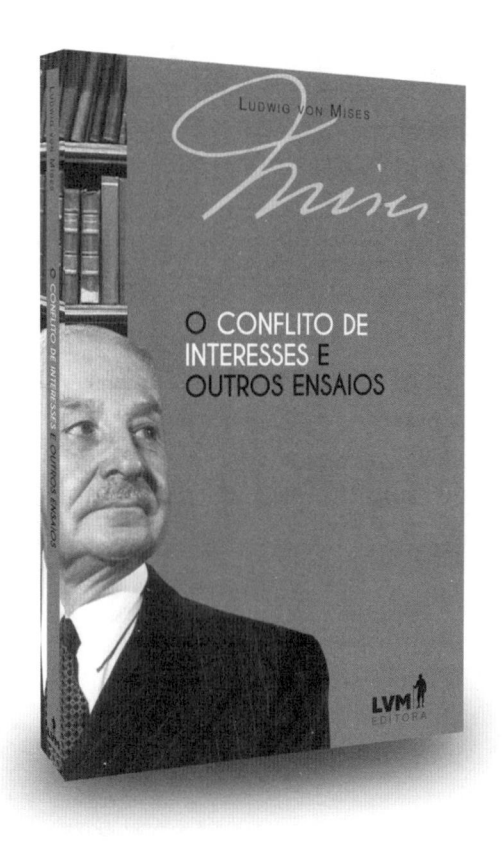

O Conflito de Interesses e Outros Ensaios é uma coletânea de quatro textos acadêmicos de Ludwig von Mises, publicados entre os anos de 1929 e 1945, mas ainda muito atuais. No primeiro ensaio é abordada a questão do conflito de interesses entre diferentes grupos sociais. O mito do fracasso do capitalismo é o tema do segundo. O terceiro discute o problema internacional do direito de imigração. No quarto e último trabalho é analisada a importância de Carl Menger e da Escola Austríaca de Economia.

O Cálculo Econômico em uma Comunidade Socialista é o famoso trabalho acadêmico de Ludwig von Mises, lançado em alemão no ano de 1920, no qual é demostrada, de modo pioneiro, a impossibilidade do socialismo. O texto analisa o problema da distribuição de bens em um regime socialista, apresenta a natureza do cálculo econômico, acentuando os limites destes em uma economia coletiva, além de discutir o problema da responsabilidade e da iniciativa em empresas comunais.

Esta obra foi composta pela Spress em
Fournier (texto) e Caviar Dreams (título)
e impressa pela Bartira para a LVM em junho de 2017